Ser ou Ter, eis a questão

Manolo Quesada

Rua dos Ingleses, 150 – Morro dos Ingleses
CEP 01329-000 – São Paulo – SP
Fone: (0xx11) 2684-6000
www.petit.com.br | petit@petit.com.br

Ser ou ter, eis a questão
Copyright by © Petit Editora e Distribuidora Ltda., 2017
2-3-18-2.000-3.500

Coordenador editorial: **Ronaldo A. Sperdutti**
Capa: **Júlia Machado**
Diagramação: **Vitor Alcalde L. Machado**
Produtor gráfico: **Vitor Alcalde L. Machado**
Preparação: **Isabel Ferrazoli**
Revisão: **Maria Aiko**
Impressão: **Lis Gráfica**

**Ficha catalográfica elaborada por
Lucilene Bernardes Longo - CRB-8/2082**

Quesada, Manolo
    Ser ou ter, eis a questão / Manolo Quesada. – São Paulo : Petit, 2017.
    144 p.

    ISBN 978-85-7253-329-4
1.   Espiritismo 2. Evolução espiritual 3. Dinheiro 4. Servir a mamon
I. Título.

CDD: 133.9

Índice para catálogo sistemático:
1. Relatos mediúnicos : Espiritismo   133.9

Direitos autorais reservados.
É proibida a reprodução total ou parcial, de qualquer forma
ou por qualquer meio, salvo com autorização da Editora.
(Lei nº 9.610, de 19 de fevereiro de 1998)
Traduções somente com autorização por escrito da Editora.
Impresso no Brasil, no inverno de 2017.

Prezado(a) leitor(a),

Caso encontre neste livro alguma parte que acredita que vai interessar ou mesmo ajudar outras pessoas e decida distribuí-la por meio da internet ou outro meio, nunca deixe de mencionar a fonte, pois assim estará preservando os direitos do autor e, consequentemente, contribuindo para uma ótima divulgação do livro.

Ser ou Ter, eis a questão

Manolo Quesada

Rua dos Ingleses, 150 – Morro dos Ingleses
CEP 01329-000 – São Paulo – SP
Fone: (0xx11) 2684-6000
www.petit.com.br | petit@petit.com.br

Sumário

Palavras do autor _____ 7

Agradecimento _____ 12

Prefácio _____ 17

Mensagem _____ 19

Introdução _____ 23

Pequena história do dinheiro _____ 27

Orgulho e egoísmo _____ 33

Os dilemas da humanidade _____ 39

Deus e Mamon _____ 43

Um mundo de provas e expiações ___ 47

Motivos para acumulação de riquezas ___ 51

Programação reencarnatória _____ 59

Deus e o dinheiro _____ 67

Nós e o dinheiro _____ 69

Jesus e o dinheiro _____ 77

Convivendo com o ser e o ter _____ 81

O dinheiro a serviço de todos _____ 101

Desenvolvimento e dinheiro _____ 107

Relação sábia com o dinheiro _____ 109

De volta para casa _____ 117

Bagagem de ida _____ 123

Autoconhecimento _____ 135

Conclusão _____ 139

Palavras do autor

Este livro é fruto do meu entendimento sobre o valor do dinheiro em nossa sociedade. Parece fácil, mas compreender o papel dele em nosso dia a dia é tarefa das mais árduas, e, quase sempre, levamos muito mais tempo do que deveríamos para entender isso.

Quando temos dinheiro, ficamos felizes, e, ao mesmo tempo, preocupados em como gastá-lo. Costumamos imaginar que na vida sempre há algo a ser comprado. Se não temos dinheiro, isso se torna um problema para nós. Começamos a achar o mundo injusto, onde alguns têm dinheiro suficiente, mas a grande maioria não consegue satisfazer suas necessidades mais básicas.

O dinheiro, na verdade, é um instrumento

para realizar o que viemos fazer aqui na Terra – de acordo com o que combinamos fazer antes de reencarnar. Ou seja, o dinheiro é um elemento que pode nos oferecer as condições que pedimos quando estávamos do lado de lá. O uso do dinheiro vai depender do nosso caráter e das conquistas espirituais que já tenhamos efetivado.

Provas e expiações é classificação de planeta escola[1]. Estamos aqui para aprender novas coisas ou para fazer de forma diferente o que não produziu um efeito muito bom em nossa vida passada. Por isso mesmo, nos é oferecida uma nova chance.

As provas relacionadas com o dinheiro são inúmeras e vão nos mostrando o que devemos e o que não devemos fazer em relação ao "vil metal". As escolhas são todas nossas, e este é o grande segredo: o dinheiro em si não tem valor, nós é que o qualificamos de acordo com o que somos e com o que fomos em outros tempos.

---

1. PLANETA ESCOLA: NA CLASSIFICAÇÃO DOS DIVERSOS MUNDOS HABITADOS, ELES SÃO DIVIDIDOS EM CATEGORIAS. PARA SABER MAIS, VERIFIQUE EM *O EVANGELHO SEGUNDO O ESPIRITISMO* – CAPÍTULO 3 – HÁ MUITAS MORADAS NA CASA DE MEU PAI

Pensando dessa forma, propusemo-nos a mostrar exatamente isso, o grande dilema que acompanha a humanidade desde que o mundo é mundo: ser ou ter... eis a questão.

Essa é a grande questão que este livro se propõe a responder, mas é claro que a resposta é individual e dependerá de cada um.

Espero que sua leitura seja proveitosa, assim como foi proveitosa para mim a confecção destas páginas.

Agradecimento

Eu nunca tive muitas pretensões em relação ao dinheiro. Nunca tive muito dinheiro, nem na infância nem na adolescência, por isso posso dizer que convivi bem com a falta dele. Nunca reclamei por não ter isto ou aquilo e entendia que meus pais faziam todo o possível para que as necessidades da família fossem supridas.

Para eles, a vinda ao Brasil não foi fácil. Nas Ilhas Canárias, onde vivíamos, eles tinham uma situação bem equilibrada, interrompida por uma grande crise nos anos 1950, que fez com que meu pai tomasse a decisão de sair de lá. Porém, a adaptação aqui foi difícil e muitas as dificuldades. Além disso, o dinheiro que ele havia trazido não foi suficiente para que a estabilidade econômica retornasse à família.

Meu pai e minha mãe não se renderam àquela situação negativa e passaram a vida toda tentando descobrir uma maneira de viver melhor. Minha mãe, tomando conta dos filhos, fazendo o trabalho no lar, mantendo a casa em ordem e cuidando da nossa educação; meu pai, tentando sempre aumentar a renda da família por intermédio de ações que resultavam em um pouco mais de dinheiro, além do salário que ele tinha como tecelão na Tecelagem Santa Virgínia, situada no Brás.

Nas horas vagas, ele cuidava de uma pequena horta e vendia os produtos às quitandas da região do Cangaíba, particularmente ao sr. Percival, o freguês mais assíduo, que acabou contribuindo para a economia da família.

Com o passar do tempo, meu pai foi buscando novas maneiras de ganhar dinheiro. Por intermédio de um amigo que o apresentou à Kibon, na época, a principal empresa responsável pela comercialização de sorvetes, ele descobriu uma forma de vender esses produtos nos estádios de futebol. A partir daí nossa situação começou a melhorar, pois a renda dessa atividade era muito boa, garantindo mais que o salário que meu pai tinha no emprego formal. E, à medida que os filhos iam crescendo e ajudando no orçamento doméstico, a situação tomou um rumo mais favorável, dando-nos a possibilidade de uma vida sem luxo, mas com tranquilidade.

    Nos anos 1970, ocorre a grande transformação em sua vida, quando ele encontra o emprego que lhe daria a estabilidade tão procurada. Conheceu um senhor chamado Milanelli, um vendedor de livros em uma universidade. Meu pai foi trabalhar com ele, apresentado pelo meu irmão Pedro, que também era do mesmo ramo. Essa convivência, aliada à sua honestidade, fez com que meu pai, mais tarde, se tornasse o sucessor de Milanelli, que, vítima de uma grave doença, precisou se afastar de sua ocupação e acabou vendendo para o meu pai o ponto de venda de livros na universidade, o que garantiu a estabilidade econômica e o crescimento de nossa família.

    A partir daí as coisas se estabilizaram. A vida melhorou, meu pai comprou uma casa e, finalmente, encontrou a tranquilidade que tinha nas Ilhas Canárias.

Vejam que isso tudo foi uma vida. Quanto de aprendizado? Quanto de resignação? Quanto de luta para transformar a realidade sombria em porvir iluminado?

Tudo foi resultado de várias tentativas, de muita união entre todos os que estavam lá, da perseverança e da fé que eles, meu pai e minha mãe, depositavam em si mesmos e nos desígnios de Deus. Eles acreditavam que Ele tudo oferecia para que alcançassem o sucesso tão almejado, mas sabiam que o trabalho e a descoberta de novas oportunidades eram apenas de responsabilidade dos dois.

Tenho certeza de que a união da família, o sentimento de amor e respeito que devemos nutrir em relação aos que estão conosco, tem um papel importantíssimo nas horas de crise financeira. Somente com amor e respeito conseguimos superar as situações adversas. Só o amor nos garante momentos tranquilos para que possamos perceber, nas entrelinhas da vida, os caminhos que precisam ser trilhados e encontrar as soluções para superar as situações difíceis.

Este livro é em agradecimento aos meus pais, Francisco e Francisca, que mostraram a todos nós que é possível viver, lutar e superar as nossas dificuldades com honestidade, transparência, ética e bom humor.

Prefácio

O planeta Terra passa por momentos importantes em sua evolução, e isso é fruto do amadurecimento da humanidade aqui encarnada.

O tempo de Deus é inexorável. É chegada a hora de colhermos o que plantamos, em termos de amor e conhecimento.

Não imaginam o trabalho grandioso que vem sendo feito com todos os que se prepararam, mas que, infelizmente, não conseguiram superar a si mesmos, tendo de ser direcionados para outras moradas da casa do Pai.

O grande entrave para a realização dos projetos reencarnatórios é, sem dúvida, o orgulho e o egoísmo, ainda muito acentuados em toda a humanidade.

Infelizmente, o poderio econômico ainda é o sonho de tantos quantos almejam uma vida melhor para si e para os seus.

Esquecem-se de que o necessário nos é fornecido todos os dias pelo Criador, em medidas justas e adequadas às necessidades de cada um.

Esquecem-se de que tudo é de todos, e de que precisamos exercitar a solidariedade e a fraternidade sempre.

A justa utilização do dinheiro é tarefa das mais importantes e imprescindíveis neste momento.

Dinheiro na mão é vendaval quando não conseguimos discernir o que fazer com ele e o utilizamos egoisticamente.

Quanto mais nos aproximamos do próximo, quanto mais o olhamos com "olhos de ver", mais facilmente entendemos o papel que temos em relação ao dinheiro.

Utilizar o dinheiro para benefício da humanidade é tarefa a ser construída em cada um de nós.

Caminhemos para isso com passos firmes e na direção do Cristo, entendendo de maneira simples e eficiente o "dai a César o que é de César, e a Deus o que é de Deus".

Enoque
5/7/2017

Mensagem

O Deus que fez o mundo e tudo que nele existe é o Senhor do Céu e da Terra e não mora em templos feitos por seres humanos.
Atos 17:24

Deus é criador de tudo. Das coisas conhecidas e desconhecidas. É interessante atentar a este fato: existem muitas coisas, dentro de nós mesmos, que não fazemos a menor ideia que existem.

Deus poderia, em toda a sua inteligência, habitar lugares determinados, mas não o faz porque Ele, pela própria definição, é onipresente, ou seja, está presente em todos os lugares ao mesmo tempo.

No entanto, apesar de sabermos tudo isso, ainda há um lugar onde Ele muitas vezes não é reconhecido. Esse lugar fica exatamente dentro de nós. Não atentamos ainda para a profundidade das palavras de Jesus quando nos disse que o Reino dele não pertencia a este mundo. Porque, na verdade, o Reino dele estava dentro dele; ao desencarnar, seria levado à Pátria espiritual, assim como também acontecerá conosco.

Só que para nós é muito difícil reconhecer Deus dentro de nós, ter noção de sua amplitude e colocá-lo no seu devido lugar: dentro de nosso coração.

As sucessivas reencarnações é um modo pelo qual Ele nos oferece diversas oportunidades para poder amá-lo. Por meio dessa migração entre o espiritual e o material, Deus nos dá todas as condições para que, num vislumbre, possamos descobri-lo dentro de nós o mais rapidamente possível.

Esse trabalho de descoberta do nosso Deus interior, do Deus que nos habita, é uma tarefa que devemos fazer de todas as maneiras. E a melhor delas nos foi revelada por Jesus: é amando. Porque, como nos disse João, Deus é Amor.

Se quisermos descobrir Deus dentro de nós, não há outro caminho a não ser amando indistintamente, em todo o nosso potencial, da melhor maneira que já conseguirmos amar hoje.

É um amor que só tende a aumentar, porque, quanto mais o exercitamos, mais ele se fortalece, e assim, com o passar dos anos, com o passar das reencarnações, com o nosso desapego aos bens materiais, nos apegando à espiritualidade, que é a nossa verdadeira essência, conseguiremos vislumbrar e reconhecer em nós o que Jesus já disse há vinte séculos: somos deuses e não sabemos, necessitamos brilhar a nossa luz.

Essa luz é a que nos dá a certeza do amor de Deus já descoberta dentro de nós; quanto mais luz, mais amor a oferecer.

Nesse trabalho incessante de descoberta e serviço, podemos finalmente atingir o nosso destino final e nos transformarmos espiritualmente, nos colocando a serviço desse Deus de amor e do próximo.

(Comunicação psicofônica[2] recebida no dia 2/5/2012 – A2)

---

2. COMUNICAÇÃO PSICOFÔNICA: MENSAGEM TRANSMITIDA POR UM ESPÍRITO UTILIZANDO, PARA ISSO, A VOZ DO MÉDIUM.

Introdução

Todos nós, ao reencarnarmos, trazemos sonhos e desejos. Eles são parte dos aprendizados anteriores, dos conhecimentos que adquirimos no plano espiritual, quando, mediante simulações[3], nos são apresentadas propostas para enfrentar uma nova existência.

Tudo o que aprendemos, em todas as nossas encarnações, continua vivo e atuante dentro de nós, muitas vezes disfarçado em atitudes que não são reveladas por completo para nós. Sem saber, costumamos mostrar somente uma pequena parte do imenso *iceberg* que somos.

---

3. SIMULAÇÕES: O QUE ESTARIA MAIS DE ACORDO COM NOSSAS NECESSIDADES REENCARNATÓRIAS, POIS NOS SÃO MOSTRADOS DIFERENTES CENÁRIOS PARA QUE POSSAMOS DESENVOLVER AS EXPERIÊNCIAS QUE PEDIMOS, DE FORMA A QUE ELAS NOS OFEREÇAM O APRENDIZADO NECESSÁRIO.

Todas as nossas tendências continuam latentes e agindo, mesmo que não tenhamos exatamente a dimensão do que ainda somos. Às vezes tomamos atitudes impensadas, diferentes daquelas que tomaríamos em outros momentos. Apesar de todo o preparo que tenhamos tido antes de nossa reencarnação, as possibilidades que nos foram mostradas dentro de cenários diversos não são absolutas nem definitivas, porque, quando encarnados, contamos com nosso livre-arbítrio.

Tais escolhas, no plano espiritual, são todas feitas dentro de um cenário completamente favorável, no qual temos um controle muito maior do que já conquistamos e do que temos ainda a conquistar. Nosso pensamento atinge uma abertura em relação às coisas materiais que não imaginávamos ser possível, e o que antes nos era importante acaba não sendo mais, em relação à visão que temos de nós mesmos, quando voltamos à Pátria Espiritual.

Por isso é necessário entender que nem tudo o que escolhemos do lado de lá se realizará deste lado, pois nossas decisões foram feitas em condições ideais e não em condições reais. Escolhemos com uma visão espiritual em que privilegiamos o nosso crescimento espiritual. Por isso tanta diferença entre o ideal de uma reencarnação e a sua realidade.

Veremos, neste livro, que tudo é possível.

Na medida do nosso crescimento moral, podemos nos transformar e, dessa forma, apresentar uma realização muito próxima daquela que planejamos e para a qual nos foi concedida na oportunidade de encarnarmos novamente.

É possível caminhar sem sobressaltos e sem nos envergonhar de nossas atitudes, tirando todo o proveito que a matéria oferece para o Espírito que somos, aumentando a nossa capacidade de ação e compreensão sobre as coisas materiais – estas, em última análise, são extremamente necessárias para o sucesso de nossa empreitada espiritual, rumo à conquista do *status* de Espírito puro.

Pequena história do dinheiro

O dinheiro é um mecanismo engenhoso. Ao longo da história da humanidade muitas coisas já foram usadas como dinheiro ou moeda de troca, desde couro, penas e peixe seco, até sal grosso, aguardente e tabaco.

O dinheiro permite que as pessoas comprem coisas sem ter de necessariamente produzir outras para fazer aquisições. Hoje, o que vale, é a certeza de que o dinheiro está guardado e garantido em algum lugar.

Para algo ser considerado dinheiro e ter valor, existem dois critérios: todos precisam querer tê-lo para si, e ele não pode ser muito abundante, uma vez que não teria muito valor – não tendo muito valor, deixaria de ser dinheiro.

A agricultura e a pecuária tiveram um papel importante na formação do que consideramos dinheiro. As populações foram desenvolvendo sua agricultura e pecuária de maneiras próprias. Nos lugares onde a fertilidade da terra era maior, percebeu-se que o produto do trabalho dava para o próprio sustento e o excedente poderia ser trocado por outras coisas.

Assim chegou-se à conclusão de que quanto mais terra, mais autonomia e poder; portanto, as terras passaram a ser muito valiosas e ocasionaram guerras e mais guerras, pois, afinal, todos queriam poder e dinheiro.

Como era muito difícil levar vários sacos de comida para as trocas, inventaram uma coisa muito parecida com bancos: grandes depósitos de grãos que armazenavam a garantia para a devida troca. Porém, os alimentos começaram a estragar e não podiam mais ficar tanto tempo estocados, provocando a perda dos contratos de troca.

Com o passar do tempo, o homem começou a utilizar metais para garantir o valor de sua posse. Então, começou a fundir metais conseguidos das minas e a produzir artefatos e enfeites. Na hora de pagar alguma coisa, o enfeite ou a peça era fundida novamente e transformada no metal.

O que importava era a quantidade do metal e a procura que havia em torno dele. O cobre e a prata não eram tão valiosos quanto o ouro, que, apesar de não ter muita utilidade como matéria-prima, é escasso e, por isso, muito procurado.

Os metais deram o preço às coisas. Eles valiam pelo seu peso em quilos. O processo de pesar o metal na balança era sujeito a trapaças, pois ele poderia vir misturado com outras substâncias ou simplesmente servir de capa para metais ou objetos não valiosos que ficavam ocultos quando o material para o pagamento era preparado.

Quando as minas se esgotavam, aconteciam guerras para a conquista de novas minas em outros territórios. Surgiram os escravos das guerras e os das dívidas. Quem não tivesse dinheiro pagaria com o trabalho, inclusive famílias inteiras eram levadas como pagamento até que a dívida fosse quitada. Uma situação dramática e quase sem solução.

Um aristocrata grego, Sólon, foi convidado para equacionar o problema. O que ele fez? Acabou com a escravidão no pagamento de dívidas. Mesmo assim a situação ainda era perigosa, pois muita gente ainda não conseguia vender seus produtos. Sólon, com o dinheiro público, comprava essa produção e vendia em nome do Estado. Como ele fazia isso? Usando de um estratagema. Quem dizia o quanto valia o dinheiro era o Estado, e as pessoas acreditavam que o dinheiro estava garantido. Sólon emitia novas moedas sem que fossem de ouro ou prata, ou seja, falsificava as moedas, mas a credibilidade de seu governo garantia a sua aceitação, fazendo com que essas "moedas falsas" se transformassem na moeda corrente e aceita em todas as transações.

Essa ideia, de o valor do dinheiro ser marcado nas moedas ou cédulas, chegou aos nossos dias, e as nossas moedas e cédulas também obedecem ao mesmo critério, ou seja, elas não valem por si mesmas o valor que nelas está escrito, mas nós acreditamos que sim, as aceitamos e as utilizamos para as compras e trocas que fazemos diariamente.

Com o advento dos cartões de crédito criou-se uma figura interessante, a do dinheiro futuro. Com um cartão de crédito compramos coisas sem, literalmente, termos dinheiro no momento, mas com a obrigação de tê-lo quando do vencimento da fatura, ou seja, no futuro.

Os tempos modernos nos levaram a uma moeda muito interessante chamada *bit*, que nasceu da ideia de um jogo, em que podemos com dinheiro vivo comprar um castelo para nosso *avatar* e, a partir daí, ganharmos dinheiro imaginário, os tais *bits*. Estes, por sua vez, podem ser oferecidos a outros jogadores em troca de dinheiro real, proporcionando a renda do jogo e ganho financeiro. Essa ideia é levada tão a sério que existem empresas que, por meio de jogadores contratados, ganham milhares de *bits* e os vendem no mercado, ocasionando uma renda milionária.

Em resumo, esse foi o caminho que trilhamos desde o escambo, até a informática dos tempos de hoje.

Orgulho e egoísmo

Em *O Livro dos Médiuns*, Allan Kardec, quando comenta a pergunta 228, nos diz que todas as imperfeições morais são portas abertas aos espíritos maldosos; porém, o que esses espíritos mais exploram é o orgulho, porque é a imperfeição que nós mesmos confessamos possuir.

Junto com o orgulho caminha o egoísmo, que muitas vezes nos impede de compartilhar com o próximo nossas conquistas, seja no campo material ou no campo intelectual.

O orgulhoso não percebe que todos somos parte de um todo que caminha solidário, apesar de sermos tão diferentes. Ele não percebe que o outro é tão importante para si como ele mesmo é para o outro.

O orgulhoso não percebe os enganos que comete. Sua visão personalista faz com que não perceba que a aproximação com os que o rodeiam é muito importante, pois é essa aproximação que possibilita a troca salutar de ideias, de comportamentos. Agindo dessa forma, não permite sequer que alguém pense em ajudá-lo.

Muitas vezes, apesar do que já tenha conseguido intelectualmente, não coloca a serviço da comunidade o conhecimento adquirido, pois não se deixou modificar pelo que aprendeu, não ouviu a sua consciência, que ficou bloqueada para a renovação mental que o conhecimento deveria proporcionar.

Dessa forma, transforma-se em uma pessoa com medo de ser superada, sem entender que a verdadeira superação é continuar aprendendo com quem tem mais conhecimento e experiência.

Por ser grande ou ocupar posições de destaque, teme que outros consigam chegar aonde ele está, pois vê nisso somente o motivo de sua queda e não o de engrandecimento, é incapaz de entender que juntos podem fazer muito mais por todos.

Não consegue raciocinar em termos coletivos, prendendo-se simplesmente ao que já tem e, muitas vezes, impedindo que outros consigam conhecer o que já sabe, pois entende que a verdade está com ele e com mais ninguém, numa atitude de engano que, mais dia, menos dia, o levará ao desespero por não ter com quem contar.

Conhecer a verdade é a nossa tarefa maior. Lembremo-nos das palavras de Jesus: "Conhecereis a verdade e a verdade vos libertará". Entender essas palavras talvez seja a chave de todo o nosso desenvolvimento, pois nos possibilita compreender que não sabemos nada e temos de, a todo custo, buscar a verdade com que tanto sonhamos.

A pergunta que fazemos é: o que é a verdade?

A verdade em seu sentido relativo é o que sabemos a nosso respeito, o conhecimento que temos das nossas conquistas e das nossas limitações, saber o que já conseguimos em relação a nós mesmos e, a partir daí, caminhar em busca de novas descobertas. Mas é importante entender que a grande descoberta interior não se consegue de uma vez, de maneira pronta e acabada. Trata-se de garimpar dentro de cada um de nós a verdade que nos levará, mais dia, menos dia, à descoberta do Espírito puro que habita dentro de cada um, escondido em meio a tantas sombras.

Essas sombras devem ser eliminadas, pouco a pouco, para que possamos nos ver mais radiantes e eficientes em relação a nós mesmos e em relação aos que nos rodeiam. E não pense que ficar em lamentações sobre o que ainda não conseguiu o ajudará. Quando nos perdemos em lamentações, paramos no tempo e deixamos de valorizar nossas conquistas. Temos de exercitar constantemente nosso foco, lembrando dos resultados positivos que alcançamos, para dissipar, de maneira eficiente e completa, as sombras que ainda nos envolvem.

Orgulho e egoísmo são palavras que, com o tempo, deverão ser eliminadas por nós. Elas nos impedem de caminhar mais rápido e com mais excelência. Travar o bom combate, como nos diz Paulo de Tarso, é de fundamental importância para todos os que queiram avançar na senda evolutiva com firmeza e passos seguros. Ainda que esse processo não seja tão rápido como gostaríamos, temos de nos conhecer para saber exatamente o tamanho de cada passo que daremos, entendendo que esse caminhar varia de acordo com os momentos que estivermos vivendo nesta ou em outra encarnação, neste ou em qualquer outro planeta a que venhamos a ser destinados.[4]

A caminhada não é pequena nem fácil, mas precisamos ter certeza de que é possível, pois não fomos criados para a sua não realização. Deus, quando nos criou simples e ignorantes, já nos supriu com todo o necessário para que durante nossa caminha-

---

4. NÃO SOMOS CIDADÃOS DO PLANETA TERRA, ESTAMOS AQUI POR AFINIDADE COM A VIBRAÇÃO GERAL DA HUMANIDADE ENCARNADA. CONFORME A NOSSA VIBRAÇÃO VAI SE TORNANDO DIFERENTE DESSA MAIORIA, SOMOS ATRAÍDOS PARA PLANETAS QUE ESTEJAM DE ACORDO COM O QUE ESTAMOS VIBRANDO A PARTIR DAÍ. LEMBRANDO QUE JESUS NOS DISSE QUE HÁ MUITAS MORADAS NA CASA DO PAI.

da possamos, por meio do amadurecimento de nossos pensamentos e com a melhora de nossas ações, descobrir pouco a pouco toda a nossa capacidade. É possível oferecer o melhor de nós a nós mesmos e aos que nos rodeiam, numa verdadeira transformação, até que tenhamos condição de habitar um mundo divino, de acordo com o nosso crescimento moral e intelectual, mundo esse que nos oferecerá a possibilidade de atuarmos junto a Deus e aos que já conquistaram essa posição, como cocriadores em um plano maior.

Essa conquista começa no exato momento em que deixarmos de lado o orgulho e o egoísmo, duas das mais ferozes armadilhas que precisamos superar nessa verdadeira olimpíada de um único participante. Não concorremos com ninguém, não lutamos contra ninguém, mas sim contra nós mesmos. Somos nosso maior inimigo, quase que insuperável, pois conhecemos todos os recantos de nosso interior. Esse inimigo, muitas vezes, se aloja em posições contra as quais quase não temos possibilidade de superação. Essa situação só se reverterá quando nos compreendermos seres em evolução com todas as possibilidades de sucesso, quando compreendermos que não estamos sós e que podemos contar com a ajuda dos amigos espirituais e de tantos quantos estiverem conosco nesta caminhada.

Os dilemas da Humanidade

O ser humano é cheio de dúvidas em relação a si mesmo e ao outro. Quando estamos nos comportando bem, pensamos: quando as pessoas se comportarão como eu? Mas quando não estamos nos comportando tão bem, ficamos nos oferecendo desculpas para acalmar a voz de nossa consciência. E, ao nos comparar com os outros, achamos que não somos tão maus assim...

Continuamos a caminhada de desculpa em desculpa, oferecendo a nós mesmos a justificativa que muitas vezes a situação não nos permitiria ter. Lógico que nada é suficientemente grande que nos impossibilite a caminhada, mas convenhamos que não é muito produtivo analisar nossos atos como se todos eles fossem desculpáveis.

Exemplos desses dilemas temos aos montes representados na vida real, na música, na literatura. Uma das mais conhecidas angústias em relação à vida e em relação a si mesmo é o drama escrito por William Shakespeare sobre um rei da Dinamarca assassinado pelo irmão, o qual, em seguida casa-se com a cunhada e assume o trono, uma vez que era o próximo na lista da sucessão. Claro que estamos falando da peça "Hamlet".

Hamlet, o rei da Dinamarca, tem um filho, o príncipe Hamlet. Depois que Hamlet Rei é assassinado, começam as aparições de um fantasma muito parecido com o rei. Esse fantasma é visto por um dos guardas amigo de Hamlet príncipe, a quem exige que ele promova uma vingança contra o usurpador do trono.

As dúvidas de Hamlet príncipe são muitas. Não sabe se confia no suposto fantasma do pai, não consegue acreditar que sua mãe se prestou a um papel desses e não quer sair de sua zona de conforto para tentar alguma coisa diferente.

A peça é longa e mostra de maneira dramática e trágica até onde podem ir as relações humanas quando se referem ao poder e ao dinheiro, numa verdadeira guerra interior conosco e com os que nos rodeiam.

O certo é que, na peça, tudo se resolve de maneira trágica, com muitas mortes, tanto do usurpador do poder quanto dos que desejam restaurar a ordem e a justiça. Na linguagem teatral, tudo se resolve de maneira conveniente para que não surjam dúvidas sobre a justiça e para que os atos sejam, se não restabelecidos, pelo menos julgados e ajustados ao novo momento.

Essas dúvidas em Hamlet produziram frases maravilhosas pronunciadas por ele durante o transcorrer da encenação. Uma delas caiu na boca do povo quando se refere à corrupção ou a tramas de usurpação de poder nos bastidores da política:

"Há algo de podre no reino da Dinamarca".

Talvez a mais famosa frase de Hamlet seja a que aborda suas dúvidas em relação ao que teria de fazer para vingar a morte do pai e aos desejos de boa vida e de continuidade no conforto da corte:

"Ser ou não ser... eis a questão".

A dúvida que carregamos conosco à medida que vamos ficando mais espiritualizados é em relação à nossa própria espiritualização e às coisas materiais que nos seduzem.

A partir daí começamos a travar uma verdadeira luta entre o que somos e o que queremos ser, sempre com muitas dúvidas e muitos dramas de consciência, esquecendo alguns fatos que podem nos ajudar nessa decisão.

Para que possamos ter um pouco mais de subsídio para continuar esse questionamento, vamos, no próximo capítulo, discutir um pouco sobre Deus e Mamon.

DEUS E MAMON

Quase todos os povos tiveram religiões politeístas, ou seja, tinham muitos deuses e precisavam agradar-lhes por este ou aquele motivo. Criavam-se os deuses para ajudar na solução de problemas diversos, e, para agradecer a solução alcançada, faziam-se rituais e sacrifícios.

Para facilitar o entendimento do que fosse a divindade, criavam-se imagens que representavam os deuses e as divindades que os auxiliariam. De maneira geral, quase todas as religiões agiam e continuam agindo dessa maneira, mostrando para os seus seguidores uma imagem real de uma divindade incorpórea.

Os nomes dos deuses variavam de povo para povo, de cultura para cultura, mas as qualidades dos deuses e suas capacidades eram muito parecidas. Apesar de nomes diferentes, os deuses se assemelhavam, ou seja, faziam com que os pedidos fossem aceitos dentro de determinados poderes que possuíam.

Referentes a Mamon, vamos encontrar pelo menos três deuses com as mesmas características: Mamon, Baal e Astarote.

Baal era considerado um dos mais influentes deuses, adorado por diversas culturas como os sumérios, babilônios, fenícios e filisteus, sendo um deus ligado ao poder, sonho acalentado por quase toda a humanidade. Dessa forma, Baal era cultuado por imperadores, reis e governantes em geral.

Outro deus muito cultuado para os mesmos fins era Mamon, cujo conceito está implícito em todas as coisas materiais que cultuamos, seja na roupa de grife, seja na casa confortável e palaciana. O dinheiro é o que oferece em retribuição ao seu culto.

Uma deusa que compõe esse trio era Astarote, considerada a deusa das orgias, da prostituição e dos prazeres. Em nome dela se faziam verdadeiras orgias sexuais para aplacar iras e para garantir a fecundidade das terras.

A idolatria do sexo acaba corrompendo e fazendo com que muitos tomem atitudes que são verdadeiros atentados contra a humanidade. Basta que vejamos casos recentes em que meninas são raptadas de suas famílias para servirem de brinquedos sexuais a homens sem escrúpulos.

Em contrapartida a isso tudo temos o Deus

único, com D maiúsculo, garantindo que é, realmente, único e de características bem diferentes daqueles criados pelo homem para sua satisfação pessoal.

A grande característica de Deus é a sua bondade e justiça, pois não tem privilegiados e tampouco nos persegue por esse ou aquele motivo. Ele nos vê como iguais perante sua bondade e quer que tenhamos as mesmas chances de progresso e desenvolvimento intelectual, garantindo que todos cheguem à sua destinação final: a de espíritos puros.

O tempo que levaremos para fazer essa caminhada dependerá única e exclusivamente de nós mesmos, por intermédio das escolhas que fizermos durante nossas diversas existências.

O Espiritismo nos diz, para simplificar, que Deus é causa primeira de todas as coisas e inteligência suprema de todas as coisas, o que por si só nos basta para compreendermos o quão importante é Deus para nós e o quão importantes somos nós para Deus.

Um mundo de provas e expiações

Nos dizeres de Santo Agostinho, podemos concluir que os mundos de provas e expiações não são para habitantes sem conhecimento. Basta ver todo o progresso que realizamos para perceber que não somos tão primitivos assim, apesar de tantas qualidades ainda a conquistar. Importante lembrar que também não estamos reencarnando aqui pela primeira vez. Trazemos conosco conhecimentos adquiridos em outras encarnações, como nos provam as ideias inatas que muitas vezes nos visitam sem que tenhamos conhecimentos prévios de onde vieram ou quando surgiram.

Considerando que nossas boas ações sejam indícios de que já realizamos uma parte do caminho, isso nos dá a impressão de que não estamos aqui somente para expiar nossas más ações, mas também para exercitarmos as qualidades que já tenhamos adquirido.

A conquista das virtudes não cessa nunca, e isso o planeta de provas e expiações nos oferece. Caminhando lado a lado com pessoas que já conquistaram mais do que nós em termos de virtudes, temos a possibilidade de seguir suas pegadas, lutando nós também para chegar no mesmo patamar que eles já alcançaram, ou seja, o de seguir exemplos para que também consigamos subir na escala evolutiva.

O contrário também é útil. Quando deparamos com espíritos que ainda não atingiram um grau de evolução, tornamo-nos nós os exemplos mais próximos e possíveis. Compartilhar ações no bem nos possibilita ajudar quem necessita se transformar em algo melhor.

É também Santo Agostinho que nos diz que os Espíritos em expiação na Terra são como estrangeiros. Já viveram em outros mundos, mas não se comportaram de acordo com o exigido para sua evolução.

Essas mudanças são necessárias para que todos nós possamos conviver com os que já estão no mesmo nível evolutivo, em aproximação por afinidade. É essa afinidade que muda a atmosfera espiritual, pois forma um conjunto uniforme de aspirações para todos caminharem mais rápido e melhor.

Quando não conseguimos atingir esse nível, somos enviados a mundos que estejam mais de acordo com o que ainda sentimos e pensamos em relação a nós mesmos e ao próximo. Somos enviados para mundos onde podemos, pelo conhecimento que já possuímos, oferecer oportunidades de progresso para que todos possam caminhar melhor.

Também existem nos mundos de expiação e provas pessoas melhores, que estão lá para oferecer aos espíritos em expiação a possibilidade de evoluir. Isso é mostrado por Espíritos que reencarnam para mostrar esse outro lado da moeda. Nessas condições temos exemplos em todas as épocas e poderíamos citar Francisco de Assis, Madre Tereza de Calcutá, Irmã Dulce e também Chico Xavier, que nos deixou um legado de amor indiscutível.

Ao chegarem nos mundos de provas e expiações, esses espíritos compreendem que não adianta somente ter conhecimento, porque o grande agente transformador da humanidade é o amor, sentimento que precisa ser desenvolvido em conjunto para que se possa oferecer aos que menos sabem a possibilidade de também se fortalecerem no amor.

A Terra é um exemplo de planeta de provas e expiações. Ainda que sejam infinitas em sua variedade, a característica comum a todas elas é de servir para resgatar débitos contraídos com a Lei de Deus por atitudes de rebeldia.

Nesses tipos de planetas, lutamos contra a perversidade que ainda temos dentro de nós e nos adaptamos às exigências que a natureza nos faz em relação aos rigores do clima e das temperaturas, temperando, dessa forma, o Espírito para enfrentar dificuldades em qualquer meio que venhamos a reencarnar no futuro.

Desenvolver esse duplo trabalho é a tarefa que Deus nos oferece para que, pelo processo apurado do conhecimento, consigamos, de maneira conjunta, desenvolver o nosso lado sentimental, fazendo com que nosso coração e nosso cérebro, conjuntamente, ajam em benefício de nós mesmos e do próximo como um poderoso meio de desenvolvimento de todos nós.

Motivos para acumulação de riquezas

O que acontece com praticamente todos nós em algum momento é sentir necessidade de ter o que o outro tem, imaginando que Deus não está sendo justo conosco. Gastamos tempo vendo a vida das outras pessoas, esquecendo que temos de olhar para nós mesmos e descobrir o que é melhor para nós.

Claro que Deus não tem escolhidos e muito menos privilegiados, mas nós pensamos assim. Quando, por exemplo, olhamos o carro que o vizinho comprou, ficamos imaginando por que nós também não podemos ter um igual. O mesmo acontece em relação àquela casa linda no bairro em que moramos, sobre a qual ficamos imaginando por que Deus oferece tanto aos outros e não a nós. Ficamos imaginando também por que a grama do vizinho é mais verde que a nossa, esquecendo que a cor da grama varia de acordo com o ângulo em que olhamos, pois de longe tudo fica mais bonito, numa espécie de *photoshop* natural, quando os defeitos somem e parece que tudo está nos seus devidos lugares. Não nos esqueçamos de que tudo isso é pura ilusão de ótica. Como diz a conhecida frase, "de perto ninguém é normal", e nem mesmo as coisas são tão lindas como imaginamos.

Quando nos perdemos em observar os outros, esquecemos que precisamos nos dedicar a fazer com que nossa existência melhore e satisfaça as nossas necessidades pela compreensão e aprendizado.

Ao nos sentirmos relegados a segundo plano pela providência divina, esquecemos que somos os únicos que podem mudar nossos caminhos. Esquecemos que se continuarmos prestando atenção demais à vida alheia, deixaremos a nossa de lado e, como consequência natural, perderemos o controle sobre as ações que poderão modificá-la no futuro.

Isso acontece porque, dentro do nosso contexto planetário e com a visão acanhada que temos de nós mesmos e do mundo que nos cerca, pensamos simplesmente no momento atual, esquecendo que não estamos aqui pela primeira nem pela última vez, ou seja, passamos e passaremos por este mundo muitas e muitas vezes.

Os motivos mais claros para as conquistas materiais que fazemos estão dentro de nós mesmos, pois é o orgulho e o egoísmo que nos impelem a possuir o que achamos ter direito. Se o outro tem, por que eu não posso ter?

Dentro de um mundo de provas e expiações onde a materialidade ainda é um dos atrativos, vamos em busca do que satisfaz nossas necessidades, que precisam ser saciadas todos os dias. Diariamente nosso corpo físico nos cobra o alimento que nos fornece a energia, a água para a nossa higiene pessoal, a luz que nos oferece a tranquilidade dentro do lar, a roupa que nos trará uma apresentação melhor onde quer que estejamos.

Também num mundo de provas e expiações ainda somos possuídos pelas paixões, essas sim fazem com que avancemos, pois, muitas vezes, nossa consciência envia os sinais que evitam que tomemos determinadas atitudes.

As paixões são das mais variadas, passando pela comida, pois ela nos traz uma satisfação muito grande. Deveríamos pensar que temos o que muitas outras pessoas não têm, mas nem sempre lembramos que o que sobra em nossa mesa falta na mesa de nossos próximos.

Em relação ao vestuário, temos também nossas paixões. Ainda que uma roupa qualquer nos cubra e nos agasalhe, temos a vaidade que nos pede não uma roupa qualquer, mas algo diferente, então pagamos o que temos e o que não temos para conseguir uma roupa de grife que nos faz sentir superiores.

O consumismo é um dos grandes responsáveis pelas nossas vacilações em relação a praticamente tudo. Ele nos faz criar necessidades não verdadeiras em relação às coisas que o mundo nos oferece, tudo de maneira indireta, nos seduzindo, nos mostrando que, se o outro tem, nós também podemos ter. Muitas vezes, nos perdemos nos desejos, esquecendo do que realmente precisamos.

Essa maneira de ver a vida nos faz acumular riquezas de maneira constante e sem tréguas, pois quanto mais temos mais queremos ter. Alimentamos não somente nossas contas bancárias, mas também nosso orgulho quando nos sentimos pessoas diferenciadas em relação às outras pelo muito que acumulamos de bens materiais.

Para aplacar nossa consciência, apresentamos motivos para a conquista e manutenção dos bens materiais. Costumamos pensar na necessidade de garantir a estabilidade da família, afinal, quem não quer a família estável, segura e sem medo diante do futuro?

As condições de vida que queremos para nossa família tem de ser as melhores. Tudo o que fizermos por ela sentimos que ainda será pouco.

Essas escolhas passam por todos os setores que achamos necessários, desde a maternidade onde nossos bebês nascem, as roupas que os vestem e as escolas onde estudam. Achamos que uma ótima educação é a garantia de que terão as melhores colocações no mercado de trabalho e alcançarão a posição de líderes que desejávamos para nós mesmos.

Mas tudo implica gastos. Para conseguir tudo isso, precisamos, obrigatoriamente, ganhar cada vez mais e mais. As necessidades de hoje não são as mesmas de alguns anos atrás, quando as coisas eram mais simples e baratas.

Essas transformações, por um lado, tiveram muitos pontos positivos. Aprendemos a lutar por melhores cargos e salários. Seja como assalariado ou como empreendedor, buscamos oportunidades para uma melhor condição de vida.

Por outro lado, garantir o futuro, muitas vezes, nos faz perder o presente. Não existe ninguém que garanta que tudo isso dará certo. Não existe ninguém que possa nos dizer que os caminhos que trilhamos hoje serão os melhores para que a nossa família, no futuro, não passe dificuldades. Não existe ninguém que nos diga que uma escolha diferente da que trilhamos será a mais acertada. Não existe ninguém que consiga dizer que nossa família se beneficiará de todos os bens que acumulamos e terá uma vida mais tranquila do que a que nós tivemos.

Muitos poderão dizer que tudo o que fazemos para nossa família é sempre motivo de satisfação e demonstra o amor que sentimos pelos que estão conosco nesta existência. Isso faz sentido se levarmos em conta somente o momento atual. Mas, se não conseguirmos ver além do que nos mostra esta pequena fração de tempo que vivemos nesta encarnação, se não alongarmos nossa visão e procurarmos ver com outros olhos o que a vida nos oferece, não conseguiremos entender que a felicidade reside em coisas muito mais simples, e que por isso mesmo não dependem do dinheiro que temos ou deixamos de ter.

"Que a vida não é só isso que se vê, é um pouco mais, que os olhos não conseguem perceber, e as mãos não ousam tocar", diz o lindo samba "Sei lá, Mangueira", do poeta, cantor e compositor Paulinho da Viola, mestre em nos mostrar coisas que, apesar de tão aparentes, passam despercebidas quando procuramos a felicidade nas coisas materiais.

Claro que, quanto melhores as condições que oferecermos aos nossos filhos e a todos os componentes da família, melhor a vida será, mas não podemos nos esquecer de que eles são únicos, que reencarnaram para viver experiências que, às vezes, não têm nada a ver com o que nós estamos vivendo neste momento. Eles têm escolhas que fazem parte de sua vida, e nós somos apenas os veículos que os trouxeram para que possam vivenciar tudo o que programaram antes de reencarnar.

Essa programação é detalhada, mas não minuciosa. Ao mesmo tempo, o exercício do nosso livre-arbítrio nos garante rever pontos que, de repente, se mostraram inadequados aos rumos que demos aos nossos passos.

Programação reencarnatória

Ninguém vem para uma reencarnação simplesmente por vir. As reencarnações são planejadas de acordo com o que temos necessidade. Elas são programadas dentro de parâmetros que nos garantirão evoluir em relação aos que estão conosco e, principalmente, em relação a nós mesmos.

Por isso é que existem tantas diferenças de atitudes dentro de uma família. Todos nós temos uma programação diferente, o que nos torna únicos em relação a todos os que estão conosco. Essa individualidade necessita ser respeitada, pois o que é bom para mim nem sempre é bom para os que me acompanham.

Isso vale para tudo o que o planeta pode oferecer, incluindo aí o dinheiro. A visão que temos sobre o valor e a necessidade do dinheiro é individual. Ter perto de nós pessoas que pensam de maneiras diversas sobre um mesmo fato, com ideias e comportamentos diferentes, amplia a maneira como vemos o mundo. É importante estar próximo de pessoas com modos complementares de pensar e agir sobre tantas coisas que nos são oferecidas no planeta, como, por exemplo o entendimento sobre o uso e a posse do dinheiro. Cada um carrega um mundo individual, e, quando juntos, ainda que conversem entre si, não se alinham necessariamente nas mesmas órbitas.

Uma programação reencarnatória privilegia o que mais faz falta na vida do reencarnante. As mais importantes estão ligadas aos relacionamentos e à solução de pendências esquecidas no tempo e que precisam ser retomadas e resolvidas para que a vida caminhe novamente em direção à melhora individual e coletiva.

Os casos que mais chamam a nossa atenção são os relacionados aos grandes amores do passado que se transformaram em ódio. Mas, com o retorno da convivência entre os personagens, esse sentimento é transformado, ocasionando verdadeiras existências de compreensão e renúncia.

É muito comum que pais e mães queiram que seus filhos e filhas sigam os passos que foram trilhados por eles, orientando-os para que prossigam nesta ou naquela profissão por acharem que, dessa forma, estarão facilitando a caminhada deles.

Porém, se esquecem de que o filho ou a filha é um Espírito que ali está para realizar a programação que ele elegeu para esta reencarnação e que pode não passar perto do que os pais querem para ele.

Quantos casos há de filhos e filhas que tomaram rumo completamente diferente daquele sugerido pelos pais e mães e que conseguiram se superar, conquistando para si a autoestima que talvez tenha sido perdida em tempos remotos?

Quantos pais e mães veem seus medos e receios irem por água abaixo quando os filhos e as filhas caminham em situações conhecidas por eles e nas quais não tiveram muito sucesso e, de repente, os filhos conseguem obter o êxito que os pais muitas vezes não conseguiram?

Quantos e quantos casos existem de profissões nem tão disputadas no mercado, e que nunca haviam acontecido dentro de uma família por tradicionalmente se dedicarem a outros afazeres, mas que de repente um familiar assume tal atividade, e ela se revela ser tão digna e rentável quanto qualquer outra, garantindo sustento e realização profissional?

É importante que tenhamos em mente que os que nos acompanham em família nem sempre têm obrigatoriamente a visão que gostaríamos que tivessem. Devemos respeitar a vontade de cada um em relação ao futuro, buscando orientá-los para que obtenham êxito em qualquer profissão e consigam exercê-la com ética.

A felicidade é de cada um, e cada pessoa caminha à sua maneira dentro do que já conquistou e do que pode conquistar. O que não conseguíamos ver como uma escolha positiva pode acabar se transformando em um belo exemplo de superação.

A programação reencarnatória é traçada em comum acordo com todos os participantes, mas lembrando sempre as individualidades e favorecendo o equilíbrio e a harmonia para que todos possam sair vencedores. É importante valorizar dentro de uma família as ideias mais diversas para que, num processo de aprendizado diário e constante, os membros consigam reconhecer novas maneiras de ser e viver, fazendo com que os horizontes de todos se alarguem.

Nossas experiências precisam do conforto e da segurança de uma família, sem dúvida, mas em muitos casos precisam de um pouco de liberdade. Em muitos casos, a superproteção pode ser prejudicial, impedindo que caminhemos para a nossa própria superação.

Temos de começar a perceber que não somos somente um corpo físico, que não estamos aqui pela primeira vez e que voltaremos em outras oportunidades. Cada reencarnação é um marco em nossa vida, pois nos possibilita a chance de mostrar a nós mesmos que somos capazes de muito mais do que imagina nossa mente.

À medida que desenvolvemos essas experiências, vamos angariando conhecimento e caminhando cada vez mais rápido em direção à evolução. Só que apenas o conhecimento não nos fará melhores, pois todos sabemos que existem muitas pessoas com muito conhecimento e que não valem um real furado em termos de compromisso, de companheirismo, de solidariedade, de atitude em relação ao próximo.

A certeza de que avançaremos em nossa evolução um dia é que nos faz caminhar e tentar, a cada nova oportunidade, crescer em relação ao conhecimento e ao sentimento. Para isso tudo é necessário, desde as realizações coloridas pelo amor e pela amizade, até as experiências cinzentas da decepção e falta de respeito. Somos a soma de tudo o que nos acontece e temos de forjar o Espírito nas mais diversas situações para que consigamos nos superar a cada novo momento no planeta.

Por isso temos de ter liberdade de ação, e essa ação nos é provida por Deus, que nos conhece até o mais íntimo da alma, que nos oferece tudo o que necessitamos dentro do nosso planejamento. Ele sabe que ninguém gosta de caminhar dentro de uma camisa de força, sem livre-arbítrio.

Deus nos oferece o que necessitamos, e nós temos de caminhar para que tudo se transforme em lições que nos ajudarão em todos os momentos da vida. Nada acontece uma única vez. Contradizendo o ditado popular, um raio cai mais de uma vez no mesmo lugar.

Exemplo disso são situações em que temos a nítida impressão de já termos vivido, os famosos *déjà-vu*, ou seja, a lembrança de coisas anteriores que nos é oferecida como lições que se repetem. É um método de repetição para termos certeza de que a lição se transformou em conquista, e que não importa onde nem quando aconteça de novo. Nós teremos condições satisfatórias para lidar com o que aparece e superar a situação graças ao aprendizado.

É interessante que pensemos nas pessoas que nos acompanham nesta encarnação como seres integrais, responsáveis por si mesmos e donos dos caminhos que trilharão, das experiências que terão, dos sucessos e decepções pelos quais passarão, pois só assim terão condições de crescer em conhecimento e sentimento.

Aos acompanhantes, sejam pais, amigos, irmãos, cabe a difícil tarefa de serem parceiros e incentivadores. Muitas vezes, de ser balizadores do comportamento de seu familiar ou amigo, mostrando o que não está adequado e traduzindo, em palavras e ações, as dificuldades que venham a ter.

Essa tarefa de acompanhamento é das mais difíceis, pois esbarra, muitas vezes, no orgulho e no egoísmo do protagonista, que julga estar acima da opinião alheia, dificultando a ação do conselho ou das dicas que possam a ele ser dirigidas.

Esse momento é também de muita resignação para quem sofre com os percalços dos que estão conosco. Temos de entender que a caminhada é de cada um e que as decepções farão o papel das palavras não ouvidas e das atitudes não tomadas – ou daquelas tomadas despropositadamente e que tenham acabado em verdadeiros "desastres" para a existência.

Nesses momentos vale a lembrança de que tudo na vida é passageiro e que, por pior que tenha sido uma determinada ação, seu resultado com certeza se converterá em aprendizado para as novas situações que virão.

Deus e o dinheiro

Moisés nos revelou sobre a origem do mundo. Sabemos que tudo foi criado por Deus. Até os que têm outra forma de ver a criação, refletem sobre os mistérios que envolvem o início do universo.

Dessa forma, temos de convir que o dinheiro também é criação de Deus, apesar de muitas pessoas não o utilizarem de forma boa, preferindo escravizar-se a ele.

Isso posto, precisamos perceber que todo o dinheiro do mundo ficará por aqui quando desencarnarmos. Ele mudará de mãos e novas oportunidades serão dadas para que o mesmo dinheiro cumpra o seu papel de beneficiar a humanidade.

Quer dizer que o dinheiro, em si mesmo, não é bom, tampouco ruim. Depende única e exclusivamente de quem o está utilizando. E dessa utilização vai depender todo o benefício ou malefício que ele venha a promover.

Todas as coisas que existem no mundo foram descobertas para que a humanidade a utilizasse, e é essa utilização que produz a liberdade ou a escravidão dos povos. De acordo com o modo como usufruímos dos subsídios que estão ao nosso alcance, depreendemos o quanto estamos avançados na escala evolutiva, ou seja, quanto melhor utilizarmos tudo o que está ao nosso alcance, mais benefícios produzimos e melhor nos sentimos em relação aos que estão conosco.

Nada no universo é definitivo, somente Deus. Tudo o mais é relativo, tem começo, meio e fim, e esta é a grande certeza... Tudo passa.

Dessa forma, conscientes de que nós também passaremos, uma vez que todos desencarnaremos um dia, é preciso encarar o dinheiro como algo que usufruímos sem que de fato pertença a nós, pois em questão de segundos pode estar em outras mãos.

Nós e o dinheiro

Pela própria característica do dinheiro, temos de entender que ele faz parte do planeta em que vivemos e que desempenha importante papel em nossa evolução. O dinheiro, por si só, não consegue fazer nem o bem nem o mal, já que é nosso o papel de agente em relação ao emprego que se faz dele.

Interessante notar que nenhuma das coisas que temos no mundo irá conosco quando de nossa volta para a pátria espiritual, somente nós mesmos, o Espírito que somos, com suas conquistas e com tudo o que ainda tiver de conquistar. Levaremos apenas o essencial, os valores. Todo o resto é para que tenhamos as experiências que escolhermos para esta etapa da vida.

O papel do dinheiro é de nos ajudar, pois sem ele fica muito difícil viver, já que tudo o que precisamos temos de comprar para que não passemos necessidades. O dinheiro faz parte do planeta e da nossa vida. Praticamente dependemos dele para tudo.

As experiências que escolhemos vivenciar em relação ao dinheiro vão da sua falta total até sua abundância sem medida. Todas elas nos oferecem motivos de reflexão, de amadurecimento e crescimento espiritual.

A falta de dinheiro nos faz desenvolver comportamentos e iniciativas que não imaginávamos ter. Quando ficamos sem dinheiro, é necessário desenvolver a criatividade, pois temos de continuar comendo, bebendo, nos vestindo. É essa criatividade que vai fazer com que desenvolvamos talentos ocultos, que não fazíamos a menor ideia de que tínhamos. Por outro lado, muitas vezes não acreditamos em nossos potenciais e em nossos sonhos. Acabamos perdendo oportunidades que poderiam mudar o rumo de nossa existência. Lembrando sempre que nada é fácil e que as conquistas que almejamos exigem, necessariamente, esforço e dedicação, pois ninguém realiza os sonhos que sonhamos, a não ser nós mesmos.

Sendo assim é necessário estarmos atentos às oportunidades que aparecem, ser proativos e ter discernimento para que a realização dos projetos atinja os objetivos almejados.

Isso só será possível se não nos abatermos diante das dificuldades. São os obstáculos que nos empurram em direção ao horizonte de felicidade a que todos temos direito.

Esse horizonte fica ainda mais perto quando nos lembramos das palavras de Jesus sobre o fardo e o jugo. Quando ele nos diz que seu fardo é leve e seu jugo é suave, nos mostra, entre outras coisas, que não precisamos sofrer por causa das coisas materiais. Devemos, isso sim, entender que elas são importantes, mas passageiras. Sendo assim, temos de entender que tudo faz parte de um grande planejamento feito por nós mesmos para esta reencarnação e que tudo é importante, mas o mais importante é nosso crescimento espiritual.

O dinheiro, na medida das nossas necessidades, é fator de desenvolvimento de muitas virtudes, incluindo a paciência, a temperança, a esperança, o discernimento, a resignação e tantas outras. Vivendo de maneira a que não nos falte, mas também não sobre, nos colocamos sempre em boa situação diante dele. Descobrimos que a vida continua, tenhamos ou não tenhamos dinheiro em abundância, e aprendemos a disciplinar nossos desejos e arroubos de grandeza, de posse e de tantas outras coisas que mais nos prejudicam do que ajudam na caminhada terrena.

Entender o papel do dinheiro é fundamental para que não soframos por ele ou pela falta dele. Pode nos ajudar ou atrapalhar, dependendo da nossa relação com ele. Assumir uma atitude de equilíbrio é fundamental para que possamos caminhar sem atropelos e sem desilusões por não ter conseguido mais do que o necessário para continuar vivendo, lembrando sempre que o necessário varia de pessoa para pessoa. Cada um determina as suas necessidades e, consequentemente, a quantidade de dinheiro que precisará para conseguir viver bem dentro do planejado.

Por estarmos em um planeta de provas e expiações, o dinheiro assume outra função: a de nos provar. Precisamos ser avaliados por nós mesmos para saber como estamos caminhando e de que maneira o dinheiro nos afeta.

Normalmente, no momento da programação reencarnatória, pedimos algumas provas em relação ao dinheiro, pois todas elas são muito difíceis de serem superadas, seja por falta ou excesso dele.

As provas em relação ao dinheiro nos mostram o quanto ainda somos possuídos por ele. Sem o entendimento de que as coisas do planeta são todas transitórias, muitos de nós se deixam levar pela ilusão de que possuir dinheiro é tudo de que precisamos para ser felizes, quando a questão, na verdade, é saber se possuímos dinheiro ou somos possuídos por ele.

O dinheiro nos causa um bem-estar tão grande que a falta dele nos provoca sensações terríveis que vão desde um simples mal-estar até a sensação de que sem ele não conseguiremos sobreviver. Esquecemos que não há nada melhor para uma crise do que o tempo. Ela vai nos mostrando pouco a pouco, dia após dia, que o desespero de hoje pode se transformar em aprendizado amanhã.

Esse aprendizado é fundamental para que possamos estabelecer um relacionamento saudável com o dinheiro. Se nos deixarmos levar pelas sensações ruins que experimentamos sem tentar modificar pelo bem o que estivermos passando, acabaremos caindo em uma malha de ações e reações que nos perseguirá por muito tempo, nesta e além desta existência.

A crise de abstinência de dinheiro pode nos levar às raias do desespero, revelando em nós mesmos características que julgávamos não ter ou que estivessem já superadas. Então nos vemos, de novo, às voltas com pensamentos de desonestidade. Podemos ser levados a cometer algum tipo de crime, como roubo, extorsão ou mesmo um desfalque, caso estejamos em cargos que nos possibilitem esse tipo de atitude.

Creditamos nossas atitudes à necessidade do momento e procuramos acalmar nossa consciência nos comportando como verdadeiras crianças que, quando pegas em alguma falta, alegam que não sabiam o que estavam fazendo.

Claro que existem agravantes e atenuantes, mas, via de regra, a decisão em tomar tais atitudes depende de nós. Quando somos confrontados pelas provas da vida, temos de nos manter em paz e em equilíbrio para que nossas ações sejam as mais sensatas possíveis. Hoje sabemos que os desdobramentos de nossas ações não estão somente deste lado da vida, mas fazem parte de uma longa caminhada. Mais dia, menos dia, teremos que atender aos pedidos de nossa consciência para de façamos de maneira diferente o que nos oprime e nos faz sofrer hoje e que, muitas vezes, não sabemos exatamente de onde vem.

O desespero pela falta de dinheiro pode nos transformar em réus de nós mesmos ao percebermos que a honestidade que pensávamos ter conquistado não é tão firme. Ao vermos nossos castelos de ilusões se desmoronar, caminhamos rapidamente para a solução mais fácil e, nem sempre, a solução mais fácil é a que vai nos ajudar. As soluções impensadas, sem reflexão, normalmente nos levam às prisões reais ou às prisões da consciência.

O pior de tudo é quando, inadvertidamente, tiramos a própria vida, movidos pelo desespero, achando que é a única solução. Na verdade, a vida não termina, e nos vemos do lado de lá em situação lamentável, sem entender o que está acontecendo e sem o equilíbrio necessário para receber a ajuda que muitos querem nos oferecer.

Os relatos sobre períodos passados no chamado Umbral são, muitas vezes, aterrorizantes. Os detalhes dos relatos nos deixam impressionados pela força que a consciência exerce sobre nós. É ela que nos leva para esses lugares a fim de que possamos acordar em nós a vontade de mudar e fazer de maneira diferente, possibilitando o fim do terror e do sofrimento.

Todas as grandes tribulações que passamos do lado de lá estão atreladas, naturalmente, aos impositivos de nossa consciência. Por não ter sido ouvida a tempo, ela nos cobra a mudança de maneira drástica, nos motivando a que coloquemos nossos olhos e ouvidos da maneira como Jesus nos disse: "com olhos de ver e ouvidos de ouvir". Não fazemos isso muito bem enquanto estamos encarnados, pois tomamos atitudes que não condizem com o quanto sabemos e com o quanto já vivemos.

Interessante notar sempre que a saída está em nós mesmos. Ao menor sinal de arrependimento ou de conscientização sobre o que tenhamos feito, já somos capazes de perceber a ajuda que nos é oferecida. Não há filho desamparado pelo Pai ou abandonado pelos amigos do plano espiritual, os quais lutam para que retomemos o caminho da luz do qual nunca deveríamos ter saído.

O tempo que ficamos em situação de desespero e dor varia de acordo com a nossa decisão de mudar o que nos acontece. Essa mudança é feita de forma a que nossa consciência seja atendida, mostrando que nós aprendemos ou já fomos sensibilizados pela lição vivenciada.

Nada no Universo é sem propósito, tudo é para que atendamos ao chamado de Deus para voltarmos a Ele. Mas somente voltaremos quando estivermos envergando a túnica de luz, sobre a qual nos fala Jesus na parábola das bodas, ou seja, quando já não tivermos dentro de nós mais resquícios de nossas sombras e tivermos superado todas as oportunidades de desvio que nos são apresentadas a cada nova reencarnação.

Essa é a nossa destinação final. Temos de superar todos os exercícios que nos são propostos, entendendo que tudo podemos ter, sem deixar de viver por isso.

No evangelho, Jesus deixou várias passagens que nos mostram que podemos ter e ser, bastando apenas entender o valor relativo de tudo. Não adianta nada ganhar o mundo se não conseguirmos a felicidade que nos fará donos de nós mesmos.

JESUS E O DINHEIRO

Durante o tempo em que esteve conosco, Jesus nos deixou algumas informações preciosas sobre a sua posição diante do dinheiro, o que invalida a teoria de que não precisamos do dinheiro para viver ou para evoluir. A grande verdade é que precisamos dele sim, apesar de tudo o que representa em termos de tentação ao nos revelar exatamente como somos quando possuídos por ele.

Uma das passagens mais emblemáticas é sobre os tributos que Roma exigia dos habitantes daquela região. Tanto naquele tempo quanto no nosso, é sempre penoso pagar impostos. Por mais boa vontade que tenhamos, fica sempre a sensação de que o dinheiro foi embora sem que o tivéssemos aproveitado. Claro que os impostos são necessários para que o Estado se mantenha, mas a sensação continua sempre viva, e o pagamos, na maioria das vezes, por sermos cidadãos responsáveis e conscientes do nosso dever.

Conta-nos Mateus, no capítulo 22, versículos 16 a 22, um questionamento ao qual Jesus foi provocado por pessoas ligadas a Herodes. Elas queriam alguma palavra do Mestre contra o que estava instituído à época, alguma ofensa a Roma ou ao poder estabelecido na região.

A pergunta que eles lhe fizeram era bem simples: "o que você acha de pagarmos os tributos para Roma? ".

Pergunta simples, mas cheia de malícia, pois dependendo da resposta haveria sempre a possibilidade de retaliação contra ele, como era intenção das autoridades.

Ao ser perguntado, Jesus para, respira fundo, liga-se ao Alto e pede uma moeda do tributo. Eles a mostram. Então Jesus pergunta de quem é o rosto que aparece na moeda, e eles respondem prontamente: "de Cesar'.

Jesus, então, responde tranquilamente: "dai a Cesar o que é de Cesar e a Deus o que é de Deus".

Os que haviam sido mandados ficaram maravilhados, como toda a população que ouvira a resposta, e foram embora, silenciados pela lógica irretocável do Mestre.

Claro que tem de ser dessa maneira, pois estamos num planeta de provas e expiações. Querer viver como se já estivéssemos em um mundo divino não tem o menor cabimento, e é justamente isso o que Jesus nos diz. Ele nos orienta a cumprir nossos deveres em relação ao planeta onde estamos. Ele pede para sermos o melhor possível, encararmos nossas responsabilidades com muita boa vontade, atendermos a quem nos pede deveres e sermos os melhores em relação às coisas do além. Ele explica que devemos caminhar, entendendo que coisas materiais são necessárias às nossas experiências terrenas, e fazer o maior esforço possível para aumentar nosso nível de evolução enquanto encarnados. Quando retornarmos à pátria espiritual, teremos, obrigatoriamente, de fazer um balanço da nossa encarnação para verificar o que já melhoramos e o que ainda temos de melhorar.

Isso só quer dizer uma coisa: vivamos da melhor maneira possível. Temos de sair do planeta melhor do que quando aqui chegamos. Para isso, temos de nos superar, nos esforçar e conquistar um pouco mais de virtudes do que as que tivemos até agora.

Convivendo com o ser e o ter

Para conviver bem com o ser e o ter, temos de nos lembrar das palavras de Jesus, quando ele nos diz que não podemos servir a dois senhores: a Deus e a Mamon. Sobre este já falamos anteriormente.

Jesus nos pede que façamos nossa escolha em relação aos dois e, mais ainda, que escolhamos pensando em alguma coisa maior do que simplesmente o dia de hoje. Jesus nos orienta dizendo para que não nos preocupemos em demasia com o dia de hoje, pois a este dia já nos bastam as soluções que temos de encontrar para os problemas. Significa que devemos deixar as preocupações excessivas para viver um pouco mais tranquilos em relação ao futuro. Amanhã, colheremos o que tivermos semeado. Lembrando sempre que o tempo é uma incógnita. Ele existe para que exercitemos a paciência, a perseverança e o amor ao próximo, dentro de um processo maior chamado reencarnação.

Jesus também não nos pede para viver simplesmente ao "Deus dará", pois Ele sabe das necessidades materiais que temos em relação ao planeta e que num local de provas e expiações o dinheiro é necessário. Tudo o que fazemos está dentro da nossa programação e que, de alguma forma, temos de aprender a conviver com o dinheiro, seja no pouco ou seja no muito.

Jesus também nos orienta para que não nos percamos em culpas passadas ou que fiquemos marcando passo nos achando o último dos avarentos por termos acumulado dinheiro, pensando no bem-estar da família ou simplesmente por termos condições de avaliar e de empreender de maneira consistente, transformando nossas ações em algo lucrativo.

Ele nos pede simplesmente que tenhamos bom senso. Jesus nos mostra nos exemplos do Evangelho como devemos proceder em relação a Mamon e a Deus, e o faz de maneira didática e eficiente.

Um dos exemplos do Evangelho é Zaqueu, o coletor de impostos que se sente tocado pelas palavras e pelas ideias novas que Jesus trouxe à Palestina de então.

Zaqueu tinha muito dinheiro, sabia que nem

sempre usara de métodos convencionais, pois os impostos eram arrecadados por Roma com o auxílio de toda a malha arrecadadora constituída pelos publicanos, os encarregados desse serviço. Alguns exageravam e aumentavam os impostos além do que Roma exigia, fazendo com que a população se revoltasse. Por isso os publicanos eram tão malvistos.

    Essa diferença entre o que eles pagavam para Roma e o que cobravam da população dava-lhes o lucro, aumentando sua renda e patrimônio. Essa prática deixava clara a disparidade entre eles e o resto da população, com os menos afortunados escravizados para o pagamento, ocasionando até a prisão para os que não pagassem os tributos exigidos, o que também nos foi dito por Jesus.

    Com alguma boa vontade, os publicanos poderiam, se quisessem, diminuir o valor da diferença entre o que pagavam a Roma e o que cobravam dos devedores. Porém não costumavam exercitar a compreensão e a benevolência em relação aos débitos alheios. Claro que isso poderia ser feito, mas temos aí uma das grandes imperfeições da humanidade, que é a ganância. Quanto mais temos, mais queremos. Estamos sempre lutando para ficar cada vez com mais, garantindo fortuna para muito mais do que necessitamos a uma existência encarnada. Zaqueu surge justamente como um contraponto, quando abandona sua função para seguir Jesus.

Quando não nos contentamos, quando continuamos insaciáveis e, ao mesmo tempo, mantemos um relacionamento distante dos demais, nos negando à prática da caridade, corremos o risco de, ao desencarnar, criarmos verdadeiros infernos em nossa existência.

Em suas parábolas, Jesus usava uma linguagem forte, com cores muito vivas, de acordo com o entendimento dos que estavam ali na época. Podemos compreender suas palavras adaptando as histórias ao tempo em que estamos vivendo, pois o essencial continua o mesmo: temos necessidade de viver na materialidade, temos o dinheiro como impulsor do progresso, temos aptidões diferentes para cada um, temos necessidades reencarnatórias e, finalmente, temos mais conhecimento espiritual. Por intermédio de suas histórias, Jesus nos oferece subsídios para que olhemos o próximo com outros olhos, os tais "olhos de ver" que Ele nos falou tanto.

Esses olhos apareceram na vida de Zaqueu. Ele estava cansado do peso que o dinheiro e a posição que ocupava lhe causavam. Estava sem saber o que fazer da vida, pensando que ela não poderia ser só aquilo: dinheiro, preocupação, insatisfação.

Obrigatoriamente haveria de existir algo mais, ele pensava. Quando um homem egoísta em sua índole tem muito dinheiro e conforto, pensa com tristeza na derradeira hora. Sente que pode perder tudo e se torna amargo, a vida fica sem sentido, a felicidade se coloca cada vez mais distante dele.

Zaqueu vivia um drama bem próximo disso. Não conseguia entender por que o dinheiro que ele tinha conseguido a duras penas e com muito esforço não lhe trazia nada além do conforto material.

Ele queria algo mais. Ele queria poder acordar pela manhã e sentir-se útil. Precisava de alguma coisa que o fizesse se sentir vivo de novo, que fizesse com que a vida alcançasse patamares nunca atingidos em termos de satisfação pessoal, em termos de conforto para a alma, em termos de amor.

Zaqueu tinha ouvido falar de um rabi, um nazareno que encantava as multidões com suas palavras fáceis e alegres, um homem que não prometia nada, a não ser a felicidade, uma felicidade que não estava nas coisas materiais, mas nas espirituais. Um homem que prometia o reino dos céus a quem quisesse colocar-se sob o seu jugo e que quisesse carregar o fardo da mudança interior.

Zaqueu percebeu que aquela era a oportunidade que estava esperando para caminhar com mais felicidade pela vida e tratou logo de chegar perto de Jesus. E aí temos um detalhe físico muito interessante que ele tratou de superar: Zaqueu era baixinho e acima do peso, o que lhe dificultava poder ver Jesus entre a multidão.

Homem tarimbado e acostumado a superar desafios, tratou logo de pensar em alguma maneira de superar os obstáculos. Analisou todo o trajeto que Jesus faria pela cidade e tratou de se colocar em uma posição estratégica, que lhe garantiria o tão desejado contato com o rabi.

No caminho por onde passaria Jesus, havia uma árvore grande, frondosa, da espécie Sicômoro. Então Zaqueu subiu nela e sentou-se em um galho, ficando em uma posição privilegiada. Tão logo Jesus estivesse próximo, ele saltaria e o abraçaria, buscando todo o carinho e toda a paz que o Mestre transmitia.

Esse era o pensamento dele, simples, eficiente, lógico e com todas as chances de dar certo.

A multidão vinha sem dar tréguas. Jesus, no meio daquele povo todo, e Zaqueu o esperando se aproximar para saltar do galho e abraçá-lo, como tinha planejado. Tudo caminhava bem, a multidão chegava, Jesus envolvido pelo povo, e a hora era agora...

Zaqueu esperava a sua chance, mas se esqueceu de que Jesus estava além dos tempos, além dos pensamentos humanos, além de todas as possibilidades. Não imaginava que Jesus já sabia que ele estava lá. Quando chegou bem perto do coletor de impostos, o Mestre lhe disse:

– Zaqueu, desce daí, prepara-te, pois, hoje à noite estarei em tua casa!

Zaqueu não esperava por aquilo. Quem diria que o rabi tão aguardado por todos iria até a sua casa? Com certeza, passou uma tarde cheia de pensamentos intranquilos. Deve ter ficado pensando sobre o que falaria quando o Rabi chegasse e cruzasse a soleira da sua sala, como deveria se comportar, quem convidaria para evento tão grandioso, o que serviria, como se vestiria... Eis então que chegou o grande momento, Jesus estava muito próximo de sua casa. Num ímpeto emocionado, ao avistar Jesus resplandecendo em sua porta, esqueceu tudo o que havia pensado, todos os planos e somente conseguiu dizer:

– Jesus, darei metade da minha fortuna para os pobres e, se por acaso prejudiquei alguém em um denário, ressarcirei com quatro.

Ao ouvir o desejo de Zaqueu, Jesus imediatamente lhe acalmou o coração dizendo:

– A salvação entrou hoje nesta casa, pois o filho do homem veio buscar e salvar o que estava perdido.

Esse encontro emocionado e cheio de conquistas para Zaqueu nos é narrado por Lucas, em seu evangelho, no capítulo 19, nos itens 1 a 10.

Uma narração singela, bem simples, como tudo o que diz respeito a Jesus e a seus exemplos e ofertas. Uma narração que nos fala de alguém que, tocado pelo sofrimento e confortado posteriormente pelas palavras de Jesus, simplesmente busca a transformação do coração, já não mais almejando as coisas do mundo, posto que já as tinha em excesso, mas buscando a abundância das coisas espirituais tão necessárias.

Esse encontro nos mostra uma pessoa amadurecida pelo sofrimento. A presença de Jesus em sua vida se fazia mais que necessária. Era essencial para que todo o conjunto de pensamentos e atitudes que ele vinha tomando desde então se transformasse em sentimento de solidariedade e arrependimento para com todos os que ele, de alguma maneira, havia lesado.

Zaqueu não ficou só nas palavras. Ele partiu para a ação, decidido a mudar os rumos de sua vida e a se transformar em um novo ser, com novas perspectivas e nova maneira de encarar a todos dali por diante.

Depois de perceber que havia realmente lesado sabe-se lá quantas pessoas, ele resolveu devolver o dinheiro, num simbolismo que encontra respaldo no próprio Jesus, que nos diz que não sairemos daqui enquanto não tivermos pago até o último centavo.

SER OU TER, EIS A QUESTÃO

Claro que Ele não se referia a dívidas financeiras, estas têm foro competente para serem cobradas, mas a dívidas emocionais e espirituais: são os abandonos, os sofrimentos, as discórdias e a falta de amor que porventura tenhamos proporcionado.

Isso tudo terá de ser ressarcido, pois é parte da lei, e a lei é inexorável. Ela se cumpre queiramos ou não.

E Jesus nos ofereceu um outro exemplo de compreensão e entendimento para com o próximo. Zaqueu não dá toda a sua fortuna para os pobres, somente a metade, e mesmo assim Jesus ficou feliz e agradeceu, dizendo que ali, naquele momento, a salvação se instalara.

Com toda a sua autoridade moral, Jesus poderia ter pedido a Zaqueu que doasse toda a sua fortuna, mas ele sabia que, naquele momento, o máximo que o coletor de impostos conseguiria era dar a metade e, ainda assim, o Mestre ficou exultante, porque sabia das limitações daquele homem e sabia que não se pode pedir nada além do que alguém pode oferecer. Não se tira leite de pedras.

Zaqueu, a partir de então, se transformou e procurou levar seus negócios dentro dos ensinamentos de Jesus, buscando não mais o enriquecimento à custa da dor alheia, mas fazendo com que a dor do outro não se agravasse por aflições que ele poderia evitar.

Não que a função mudara, ele continuaria cobrando impostos e fazendo suas barganhas com Roma, sim, mas agora com outra visão. Uma visão aclarada pelo amor com que Jesus o tratou e nos trata a todos, a visão de que é possível fazer o Reino dos Céus ainda deste lado da vida, bastando para isso que nos detenhamos um pouco nas palavras e atitudes do Cristo. Seguindo suas palavras e atitudes, conseguimos ter um relacionamento sadio entre o dinheiro e o amor ao próximo.

Zaqueu tinha uma série de questões que ele queria modificar e não tinha condições de fazer sozinho. Encontrou em Jesus o grande exemplo de fé e comportamento, pois não foram somente as palavras do Mestre que o seduziram, mas todo o comportamento daquele nazareno. Por meio de palavras e atitudes, Jesus começou uma grande revolução no planeta, revolução essa que se estende já por vinte séculos e que será, sem sombra de dúvida, a grande alavanca transformadora de toda a humanidade encarnada. Não faltam exemplos de pessoas que conseguiram, pela modificação de suas palavras e atitudes, uma posição de maior conforto em relação às coisas do mundo e do plano espiritual.

Outro grande exemplo do evangelho de como nos comportamos em relação a Mamon e a Deus nos foi dado pela irmã de Lázaro, Maria.

Todos sabem o grande amor que Jesus sentia pela família de Betânia. Essa família era composta por três irmãos: Marta, Maria e Lázaro.

A ordem que os evangelistas os nomeiam é importante para que tenhamos uma ideia de quem eram. Todos os detalhes no evangelho são baseados na sociedade da época, sendo este um registro o qual devemos ver com bastante propriedade.

Os estudiosos do evangelho nos dizem, por exemplo, que Marta era a irmã mais velha e que a casa onde moravam era dela, talvez herança de uma viuvez. As palavras de Lucas nos oferece essa possibilidade, ainda que não seja clara.

Lucas também não fala em Lázaro, o que pode sugerir que ele fosse um rapaz muito jovem, quase adolescente, cuidado pelas duas irmãs, Marta e Maria. Se não fosse Marta a dona da casa por viuvez, a casa teria de pertencer a Lázaro, pela linha sucessória que privilegiava os varões da família.

Sendo Marta a dona da casa, é natural que fosse uma mulher de decisões, o que ela demonstrou nas poucas vezes em que apareceu em cena. Basta-nos recordar o episódio da morte de Lázaro, quando ela saiu em busca de Jesus para avisá-lo que o irmão estava doente, esperando sua visita.

Jesus não a atendeu imediatamente. Demorou-se um pouco, dando a entender que já não adiantaria voltar tão precipitadamente, pois Lázaro já estava morto. Jesus pode ter querido mostrar que a morte não passava de um simples detalhe que ele, por intermédio do grande poder que possuía, desfaria o ocorrido assim que chegasse lá, contrariando a tudo e a todos.

Como os fiéis acreditavam em ressurreição, ficaram maravilhados com os sinais e prodígios que Jesus produziu quando retornou e deu nova vida a Lázaro. Hoje, acreditamos que Lázaro possivelmente não estivesse morto. Ele pode ter-se colocado a serviço do Mestre, passando dias sem saber exatamente o que estava acontecendo, mas confiante que Jesus cumpriria o que tinham acertado na programação de cada um.

Quando Jesus encaminhou-se para lá, Marta, destemperada, quase agressiva, lhe disse:

– Se você estivesse aqui, meu irmão não teria morrido...

Jesus ficou emocionado. E percebeu em Marta um traço de rancor, de falta de confiança e de amor ao Pai. Aquele era um momento de muita dor para a família. Então Jesus chorou.

Quando Maria chegou, veio com o mesmo discurso:

– Se você estivesse aqui, meu irmão não teria morrido...

Disse isso mostrando que Jesus teria faltado à confiança que elas depositavam nele. Maria apresentava outro sentimento, não o rancor de sua irmã, mas a decepção com aquele que, para ela, representava tudo o que de melhor existia sobre a face do planeta.

    Jesus se comoveu e perguntou se ela confiava nele. Diante da resposta afirmativa, pediu que lhe dissesse onde haviam colocado o corpo de Lázaro. Ela então mostrou a gruta onde o corpo tinha sido depositado, fechada por uma pesada pedra. Ao pedir para que ela fosse retirada, o povo – que estava ali para tripudiar de Jesus e vê-lo fracassar na tarefa de ressuscitar Lázaro – simplesmente ri e fica se perguntando a razão de tal pedido, uma vez que Lázaro já estava morto havia quatro dias. Jesus não se abalou e esperou, pacientemente, até que a pedra fosse retirada, trabalho para muitos homens e alavancas.

    Assim que a pedra foi removida, Jesus olhou para dentro da gruta, percebeu alguma coisa que os outros não conseguiram perceber, elevou seus pensamentos ao Alto e, mentalmente, fez uma rogativa ao Pai, pedindo-lhe que intercedesse para que a vida fosse restaurada no amigo, que, com certeza, amedrontado, esperava de novo ver a luz do dia.

Feito isso, ele simplesmente disse, em tom forte e audível:

– Lázaro... vem!

São pequenos minutos de apreensão e constrangimento, tanto para Jesus quanto para os que torciam para que o "milagre" não se processasse. Mas todos procuraram entender a grandeza daquele momento, cada um a seu modo. Uns, esperando que a resposta do Alto fosse a resposta da vida, a resposta da liberdade de escolha, a resposta do bem-estar, da saúde e do amor. Outros, esperando que a ameaça representada por Jesus terminasse naquele momento, pois diante do fracasso dele não teriam mais motivos para esperar e partiriam para o ato final, terminando com a vida e com a influência que ele exercia na população.

A vida então ressurgiu em toda a sua magnitude. Aquele que antes havia sido dado como morto surgiu aos olhos de todos em esplendor e luz. Todos ficaram boquiabertos, inclusive os que torciam contra. Mesmo na diferença, não conseguiram resistir ao chamado da vida e perceberam um sentido novo à existência, que passava a ter mais consistência e excelência.

Lázaro veio com a missão de nos fazer entender que, ao ouvir as palavras e o chamamento do Mestre, quem está morto ressuscita, volta à vida. As palavras de Jesus são para todos os que procuram um jeito novo de viver, para os que precisam de alento à retomada do caminho, muitas vezes tomado pela dúvida, pelo temor e por sentimentos sem nobreza.

O exemplo de Lázaro nos ensina que podemos ter uma vida repleta de luz, de amor e qualidade, pois ele próprio é o exemplo vivo do que nos disse Jesus:

– Eu vim para que tenham vida e a tenham em abundância.

Nesse episódio, também ficam bem claras duas formas do pensamento da humanidade: uma diz que é preciso trabalhar, trabalhar e trabalhar; e a outra diz que é preciso trabalhar sim, mas, ao mesmo tempo, é necessário ter pausas na caminhada para aproveitar as sombras benéficas de uma árvore, o convívio com a família e o desfrute do amor que todos temos para oferecer e receber.

Marta não havia se apercebido disso, pois o coração da administradora do lar, com os cuidados que tinha com a irmã e o irmão menores, não lhe dava o tempo necessário para desfrutar a vida em companhia deles. Ela decerto devia pensar que sua obrigação fosse aquela, a de zelar e garantir o futuro dos irmãos.

Marta não tinha parada, não objetivava nada além do material, nada além da satisfação das necessidades do corpo, transformando sua existência em simplesmente fazer tudo para continuar viva, sem dar importância aos momentos tão necessários para uma transformação interior.

Agindo assim, ela mantinha tudo em ordem. Os mais novos dentro de um regime de trabalho e cooperação, em que o exterior é valorizado em demasia, em que a limpeza do lar, por exemplo, é levada às raias do absurdo, onde cada coisa tem que estar no seu devido lugar.

Não que isso não seja necessário, pelo contrário. Mas precisamos tomar cuidado para não nos transformarmos em algo rígido e sem emoção. Não podemos deixar que as coisas materiais façam mais falta que as do sentimento. Como disse Sócrates, precisamos tomar cuidado com o vazio de uma vida cheia de atividade.

Precisamos entender que o tempo tem que ser nosso amigo e não nosso senhor. Significa que entre uma tarefa e outra temos de observar o mundo maravilhoso à nossa volta, cheio de boas lembranças com a família, de brincadeiras, de papos agradáveis, de bons momentos no trabalho executado com alegria. Enfim, levamos conosco somente o essencial e, para isso, temos de definir o que é essencial para cada um de nós.

As preocupações com horários nos impedem de viver a vida de maneira mais descontraída, pois acabamos nos perdendo com coisas que não nos trazem tanto prazer. A disciplina é muito importante, mas não podemos deixar que seu excesso nos aprisione, porque nos transformaria em seres amargos e infelizes.

Ter normas é importante, no entanto é preciso planejar nossas ações, principalmente para que sejam bem-sucedidas. Não é somente o sucesso material que nos trará felicidade, mas também saber o que queremos de verdade com nossas atitudes.

Ao contrário de Marta, Maria nos mostrou uma outra face. Percebemos isso quando as irmãs receberam a visita de Jesus. Ele amava aquela família de Betânia, por quem tinha um afeto muito grande.

Numa dessas oportunidades, Maria sentou-se ao lado de Jesus e ficou conversando com ele, embevecida pela fala do Mestre e ansiosa por adquirir novos conhecimentos. O que ele dizia estava na Lei, cuja interpretação era muito rígida e não transformava as pessoas, deixava-as aprisionadas.

Jesus não veio para tirar a responsabilidade dos homens com relação ao que a Lei da época pregava. A leitura do Sermão da Montanha nos ensina muito sobre o que Jesus queria dizer, quando fez um verdadeiro chamamento à mudança. São célebres os preceitos que ele nos deixou ao comparar a antiga e a nova aliança, explicando que a mudança é necessária para atingirmos patamares espirituais mais elevados.

    Claro que Maria ajudava nas tarefas do lar, pois era obrigação das mulheres da época, como o trabalho no lar e a submissão em relação ao marido e aos homens em geral. No entanto, ela sabia que o que o Mestre dizia faria mais diferença em sua vida do que simplesmente deixar a casa limpa. Ela deixou de lado as preocupações materiais, pois entendia que as palavras de Jesus seriam para a vida toda, não somente para uma existência, e que o Mestre dos Mestres trazia palavras de vida eterna e, mais ainda, exemplificava o que dizia em atos maravilhosos recheados pelo amor a Deus e ao próximo.

    Já Marta ficou decepcionada, pois achava que Jesus não havia percebido que ela estava trabalhando sozinha. Ao reclamar com ele, pedindo que mandasse Maria ajudá-la, o Mestre lhe respondeu carinhosamente:

– Marta! Marta! Você está preocupada e inquieta com muitas coisas; todavia apenas uma é necessária. Maria escolheu a boa parte, e esta não lhe será tirada.

    Talvez as preocupações do dia a dia tenham tirado de Marta a alegria de viver. Pode ser que a responsabilidade com os irmãos menores tenham-na transformado em uma pessoa rígida. Pode ser que o excesso de preocupação em cuidar deles lhe tirasse o sono e a tranquilidade. Já Maria escolhera a boa parte, a parte que não é roída pela traça nem pela ferrugem, tampouco roubada.

    Nós também podemos escolher. E quando escolhemos transformar o dinheiro em coisas boas, estamos preparados para exercer sobre ele o nosso domínio. Como nos disse Jesus, "não podemos servir ao dinheiro, mas podemos fazer com que ele sirva à humanidade". Podemos transformar vidas e favorecer o crescimento coletivo por meio de nossas ações, seja em nosso trabalho ou em nossa comunidade.

O DINHEIRO A SERVIÇO DE TODOS

Escolher a boa parte significa fazer com que o dinheiro fique no seu lugar, que é o segundo ou terceiro plano em relação às coisas essenciais em nossa vida. Entendo como coisas essenciais exatamente aquelas que não vemos, que não conseguimos pegar com os sentidos do corpo físico, que vão acrescentando virtudes em nós, que nos impulsionam a um patamar mais elevado de evolução.

Por outro lado, as coisas materiais são fundamentais para as nossas experiências enquanto encarnados. Elas funcionam como um suporte para colocarmos em prática a lei do amor, ou seja, para exercitarmos o amor a Deus e ao próximo. É necessário lembrar que Deus sabe que isso um dia acontecerá de acordo com a nossa vontade, por isso não nos obriga a sair por aí dizendo "Senhor,

Senhor...". Mesmo porque nem todos os que dizem "Senhor, Senhor" entrarão no Reino dos Céus como nos alertou Jesus.

Amar a Deus e ao próximo como a nós mesmos são partes integrantes de uma mesma ferramenta que nos levará à plenitude, dependendo de nós somente a velocidade com que a colocamos em prática.

Lembro que quanto melhor escolhermos nossos objetivos, mais rápida será a nossa caminhada, pois, assim que superamos uma etapa, outra é colocada imediatamente à nossa disposição.

Vejamos o que acontece com o planeta em que estamos vivendo atualmente. A classificação do nosso planeta é de provas e expiações, e já estamos com essa classificação há centenas de anos devido à nossa má vontade de melhorar. Não gostamos muito de sair de nossa zona de conforto, o que só dificulta a caminhada. Caminhar confortavelmente não quer dizer ficarmos do mesmo jeito durante milênios, e é o que aconteceu conosco.

Desde que Jesus nos lembrou o que deveríamos fazer, já se passaram mais de dois mil anos. E não conseguimos melhorar muito em termos morais, pois mantemos praticamente a mesma postura daquela época. Mudam as vestimentas, mudam as leis, mudam os conceitos, mas continuamos com todo o ranço que trazemos arraigado dentro de nós, impedindo que nova luz nos torne melhores.

Ao mesmo tempo, vemos que a tecnologia avança, particularmente a partir da segunda metade do século 20, a passos largos, mostrando conquistas sem precedentes em vários campos do conhecimento, projetando-nos o futuro.

Basta que usemos o raciocínio para entender que viver com o que temos é bem melhor do que viver com o que havia nos tempos de Jesus, materialmente falando. Isso nos mostra uma possibilidade muito interessante, que é o período de transição.

E a pergunta que não quer calar é justamente esta: o que é um período de transição?

Podemos responder, de maneira simples e objetiva, que é um tempo que nos é oferecido para que possamos nos adaptar às mudanças que estão se instalando no planeta. Essas mudanças estão chegando para ficar, não haverá retrocesso, pois o Universo progride incessantemente, garantindo condições melhores para os que conseguem superar a si mesmos, transformando-se em algo melhor.

Mudar materialmente é bem fácil, pois nos acostumamos com muita rapidez às facilidades e confortos que a nova era nos oferece, mas temos de entender as características do novo mundo que está sendo preparado: um mundo de regeneração.

Esse mundo de regeneração já está aí, e só não o vê quem não acredita em mudanças. Estamos em constante movimento. Então, precisamos nos acostumar com isso e buscar dentro de nós nossos melhores pensamentos e atitudes.

A grande característica de um mundo de regeneração, como nos diz Santo Agostinho, é a felicidade, sentimento que será muito intenso porque a Lei de Deus irá imperar, segundo explica Allan Kardec, em *O Evangelho Segundo o Espiritismo*.

Ao nos questionarmos sobre o que é a Lei de Deus, vemos que é amar a Deus e amar ao próximo como a nós mesmos. Diante disso chegamos à conclusão de que temos muito o que mudar. Podemos até amar a Deus verdadeiramente, mas ainda temos em relação ao próximo uma dificuldade muito grande, que nos impede de olhá-lo com mais apreço.

Quando tomamos Jesus como nosso modelo e guia, percebemos o tamanho da mudança que precisa ser efetivada em nós mesmos. Basta dar uma olhada nos companheiros que ele escolheu para a divulgação da boa-nova, para perceber que não eram muito melhores que qualquer um de nós.

É só observar as dificuldades de cada um deles, e temos certeza de que nós também podemos nos superar, assim como eles se superaram. Eram homens cheios de falhas, de dúvidas, que muitas vezes tomavam atitudes movidas por desejos pessoais. Quantos agiram por interesse próprio, esquecendo-se da divina missão que tinham?

É natural que tenhamos medo e é natural que não nos disponhamos de muita vontade a empreender nossa mudança para a permanência num mundo de regeneração como este que se aproxima. Porém, temos de entender que não há mais tempo. Se não nos colocarmos de frente e sanarmos nossas pequenas imperfeições, não conseguiremos ficar por aqui. Seremos designados a um outro planeta de provas e expiações, que, talvez, não tenha o mesmo avanço que estamos vivendo neste momento.

É hora de nos perguntar se vale a pena viver no personalismo que temos vivido até agora ou se vale a pena deixar de lado pequenas querelas e nos juntarmos aos anseios gerais de bem-estar, convivendo com todos os que estão ao nosso redor, tratando a todos de igual para igual, mostrando que os amamos, apesar de, muitas vezes, não concordarmos com determinados pensamentos e ações.

Importante também entender que, neste mundo, a relação com o dinheiro deve ser positiva, no sentido de atender às necessidades básicas do povo, indistintamente.

Afinal, quais são nossas necessidades básicas?

Segundo a Pirâmide de Maslow, uma teoria criada pelo psicólogo norte-americano Abraham H. Maslow em meados da década de 50, as necessidades do ser humano, a fim de que ele atinja sua satisfação pessoal e profissional, são divididas em cinco partes. Eis um resumo dessas necessidades:

Fisiológicas: alimento, roupa, repouso e moradia.

Segurança: do corpo, do emprego, da moralidade, da família, da saúde, da propriedade.

Amor e relacionamento: amizade, família, intimidade sexual.

Estima: autoestima, confiança, conquista, respeito dos outros, respeito aos outros.

Realização pessoal: moralidade, criatividade, solução de problemas, ausência de preconceitos, aceitação.

Fato é que não existem milagres para que isso tudo faça parte de nossa existência. Mas é sempre hora de começarmos a mudança que nos levará a utilizar melhor o dinheiro para que todos tenhamos essas possibilidades.

Quem é detentor do dinheiro no planeta deve agir para a promoção do bem-estar coletivo. Isso é muito mais importante do que, simplesmente, o desenvolvimento e enriquecimento individual. Os poderosos, detentores da riqueza no mundo, devem entender verdadeiramente que seus anseios pessoais são menos importantes que as questões da coletividade. E então o homem poderá testemunhar a grande mudança neste mundo de regeneração.

Desenvolvimento e dinheiro

Claro que ficaria quase impossível o desenvolvimento da humanidade sem o tal dinheiro, sem os valores tão cobiçados por tantos. Somos movidos a planos, esperanças e conquistas e, em nossa visão atual, o que nos possibilita essas coisas todas é o poder econômico.

Natural que seja assim. Ainda temos uma série de necessidades que, para serem satisfeitas, dependem do dinheiro, o que é plenamente justificável em um mundo de provas e expiações.

Podemos até dizer que em vários períodos da história isso não tenha sido assim. Houve um tempo em que prevalecia a lei do mais forte. Quem não tivesse condições físicas de conseguir alguma coisa para si ou para trocar com os outros, ficava à míngua.

O dinheiro nos tempos modernos nos trouxe a possibilidade de atividades menos truculentas fisicamente, porém, tão violentas quanto na disputa por bens e conquistas; afinal, quanto mais temos, mais queremos.

Esse é o grande ponto que devemos levar em consideração nas relações futuras com o dinheiro. Já não vamos precisar ficar tão ansiosos pelo ter, mas pelo compartilhar, sabedores de que fazemos parte de uma única humanidade a caminhar de forma coesa e harmoniosa na busca do bem-estar coletivo. E isso só será possível quando houver distribuição de renda e o dinheiro for colocado à disposição de todos.

É claro que não nos adianta dividir todo o dinheiro do mundo pelo número de habitantes. O que conseguiríamos seria, simplesmente, fazer com que todos tivessem um pouco para, logo em seguida, começar o processo de enriquecimento novamente devido às características competitivas de cada um.

O que precisamos fazer é transformar o dinheiro em agente de mudança. Precisamos fazer com que os detentores do dinheiro pensem de forma mais abrangente em relação à própria humanidade, tornando-se parte do todo e buscando maneiras de agir positivamente nas necessidades coletivas.

Relação sábia com o dinheiro

Ao estabelecermos uma relação sábia com o dinheiro, percebemos que podemos ter tudo o que gostaríamos, garantindo o tão tranquilo futuro para a família. Com dinheiro, podemos pagar o melhor colégio e as melhores faculdades aos filhos para que possam desenvolver as experiências que programaram para esta existência; podemos ter um plano de saúde suplementar que garanta o melhor atendimento quando dele necessitarmos; podemos, enfim, desfrutar de uma velhice plena de saúde e conforto, realizando os projetos que tínhamos ao reencarnar e garantindo uma consciência tranquila ao voltarmos para a pátria espiritual.

Essa relação sábia com o dinheiro passa, também, pelo emprego dele em projetos que não são apenas nossos, mas de toda a humanidade. Estamos falando aqui não do progresso individual, mas do coletivo. O dinheiro financia pesquisas que minimizam os males por que passa a Humanidade, fazendo com que se inventem novos remédios e novos tratamentos. Um grande avanço foi a dos coquetéis que proporcionaram sobrevida espetacular aos portadores do HIV, que hoje têm uma expectativa de vida praticamente igual à de qualquer outra pessoa, mantidos alguns cuidados.

    Será que isso foi milagre? Claro que não. Foi o poder do dinheiro bem empregado que possibilitou essa conquista e tantas outras no campo da medicina, incluindo-se aí os equipamentos utilizados para diagnósticos, que permitem aos profissionais de saúde encontrar uma solução para as enfermidades de modo mais rápido e eficiente.

    Isso tudo só é possível por causa dos investimentos, tanto de empresas que realmente visam as lucro, como também de instituições sem fins lucrativos, alimentadas pelo dinheiro de milionários e artistas empenhados, de alguma forma, em favorecer o desenvolvimento da humanidade.

    Um bom exemplo é o do falecido ator norte-americano Christopher Reeve, que, depois de um acidente que o deixou tetraplégico, usou sua fortuna para financiar pesquisas nessa área. Claro que ele também se beneficiou disso, mas, não fosse o dinheiro empregado de forma tão sábia, os avanços na recuperação de movimentos em pacientes acidentados seriam menores.

Há vários exemplos como esse, em que após uma grande catástrofe pessoal, a vítima sinta vontade de fazer o bem, facilitando a vida de muitas pessoas que podem estar na mesma situação.

Isso se aplica também aos fenômenos geológicos, particularmente aos terremotos, que provocam uma série de transtornos e impedem que determinadas regiões possam viver com tranquilidade por causa do elevado grau de destruição, morte e sofrimento. Para minimizar tais efeitos, o financiamento de tecnologias de ponta possibilita a diminuição dos danos. Exemplo claro é o Japão, campeão mundial em terremotos, que hoje convive com eles de modo quase natural em virtude da alta tecnologia empregada na infraestrutura.

Os habitantes do Japão, um país de extensão territorial pequena, não teriam para onde ir se os terremotos não fossem minimizados pela alta tecnologia desenvolvida.

Além das tecnologias de resgate, foram desenvolvidas tecnologias de construção civil, que adaptam os prédios à ação do terremoto, fazendo com que eles não cedam tão facilmente ao impacto provocado pelo movimento súbito da crosta terrestre. Essa tecnologia vai desde o uso de materiais mais flexíveis e leves a instalações elétricas e hidráulicas compatíveis.

A tecnologia, de modo geral, nos garante qualidade de vida e conforto no dia a dia. E os amigos espirituais têm nos ajudado muito. Sabedores de que o homem ainda não tem capacidade suficiente para amar o próximo como a si mesmo, ainda encontram motivos para fazer com que a medicina avance, ajudando na descoberta de remédios e instrumentos que diminuem a dor, inclusive nos momentos de guerra e sofrimento.

A Guerra do Vietnã, por exemplo, foi uma das mais sangrentas já cometidas pelo ser humano, quando se tentou sacrificar toda uma população em virtude de divergências políticas e ideológicas. Mas no final ela se transformou na maior derrota moral dos Estados Unidos da América do Norte.

Apesar de todas essas incongruências, Deus está sempre presente. Parafraseando aquele ditado popular, "Deus escreve reto por linhas retas", e nós é que damos muitas voltas para compreender. A tecnologia chega aos dias de hoje nos oferecendo uma qualidade de vida inédita para a Humanidade, pois nem no tempo do Império Romano conseguiríamos sonhar com o que estamos vivendo hoje.

Toda essa qualidade de vida reflete em tudo o que passamos quando nos distanciamos do outro com a desculpa de chegar até Deus.

Com isso, acabamos atingindo nosso irmão de maneira negativa. Quantas pessoas, ao longo dos séculos, em nome de Deus, não vem desprezando, humilhando, causando sofrimento ou mesmo assassinando seu próximo? Só que Deus não quer ser adorado. Ele nos pede apenas que amemos uns aos outros, única maneira legítima de chegarmos até Ele com o coração limpo e a consciência tranquila.

A espiritualidade, mesmo nas guerras, ainda encontra maneiras para fazer com que a medicina avance. Ainda que a tecnologia, infelizmente, num primeiro momento seja utilizada para satisfazer os instintos bélicos do homem, depois se torna importante instrumento para diminuir sua dor e sofrimento e descobrir a cura de muitos males.

Além da qualidade de vida trazida pela tecnologia, tivemos um avanço imenso na qualidade do trabalho. Trabalho de ponta exige qualificação de ponta. Hoje observamos a expansão da tecnologia para países em desenvolvimento, o que mostra que podemos morar em qualquer lugar, não importando o país, pois as distâncias já não existem.

A tecnologia abriu portas para a transferência de indústrias e, com ela, a oferta do trabalho para regiões onde existem pessoas que podem, agora, satisfazer o mínimo possível à sua sobrevivência.

Claro que abusos nas relações trabalhistas ainda persistem, como denúncias de trabalho escravo, trabalho infantil e salários injustos, mas é questão de tempo. Em breve, muito em breve, teremos condições de vida muito boas para todos, sem perder um milímetro das conquistas já efetivadas.

O emprego, mesmo que em condições precárias, ainda é a melhor maneira de distribuição de renda. Todos podem candidatar-se a uma vida melhor para suas realizações profissionais. Se ainda não atingimos o ideal, é nosso dever fiscalizar e nos recusarmos a comprar produtos frutos de abusos, produzidos pelo trabalho infantil e escravo.

De maneira geral, isso só corrobora o que já sabemos: no Universo não existe o bom e o ruim. Nós é que qualificamos todas as coisas pelas atitudes que tomamos em relação a isso ou àquilo. Nada é ruim e nada é bom, depende do uso que fazemos daquilo que chega a nossas mãos. Dessa forma, também podemos perceber que nada é nosso e que não precisamos ficar preocupados em amealhar e conservar conosco tanta coisa, pois, ao sairmos da vida corpórea, deixaremos tudo aqui e partiremos rumo ao nosso verdadeiro *habitat* natural: a espiritualidade.

Lá nos encontraremos apenas com nós mesmos, e teremos de nos olhar de frente, sem medo do que possam pensar de nós, do que fizemos, simplesmente porque o grande interessado em saber disso tudo somos nós mesmos. A partir de então teremos de traçar novos rumos em nossa vida, um novo planejamento, buscando fazer de maneira diferente o que ainda não conseguimos com a qualidade que o amor nos pede.

DE VOLTA PARA CASA

É preciso compreender nosso planeta. Tal entendimento inclui conhecer sua classificação e os bens materiais colocados à nossa disposição a fim de que possamos ter as experiências necessárias para agilizar nossa evolução.

Num mundo como este, de provas e expiações, temos a necessidade material de viver. E, quanto melhor vivermos, melhor nos sentiremos em relação às nossas expectativas reencarnatórias e em relação ao próximo, que, em última análise, é a nossa meta. Sem o próximo, não teremos todas as oportunidades de que necessitamos, já que, além da materialidade, precisamos do exercício do amor para conseguir nos superar.

Isso faz com que o dinheiro seja mais do que necessário em nossa vida. É ele que nos proporciona os bens fundamentais para nossa sobrevivência e que nos dá a possibilidade de diminuir os abismos entre os que têm e os que não têm dinheiro.

Nossas experiências são resultado de nossos pensamentos e ações, os quais podem ser benéficos ou maléficos, e da forma como entendemos a posse e o uso dos bens materiais, que são duas coisas bem distintas. Sabemos que não possuímos absolutamente nada, mas podemos usar tudo o que nos é oferecido pelo planeta.

Interessante notar que, literalmente, podemos ter tudo o que quisermos, o que desejarmos, mas não podemos nos apegar a nada, pois a matéria ficará por aqui, enquanto nós seguiremos para o lado espiritual da vida assim que o nosso corpo não mais responder aos comandos que enviarmos a ele.

Isso quer dizer que tudo existe para utilizarmos, mas sem a pretensão de possuirmos qualquer coisa. Tudo o que temos ficará por aqui e o que somos seguirá conosco, transformado em aquisição que não se perderá jamais no tempo nem no espaço.

O entendimento sobre o tempo, relativo à encarnação, é fundamental. Conseguiremos, a partir dessa compreensão, organizar melhor nossa passagem. Sabemos que não ficaremos para semente, pois o tempo nos mostra, como nos disse Jesus, que não restará pedra sobre pedra, numa alusão magistral aos efeitos que o tempo provoca em tudo, transformando em pó o que veio do pó. E nós não escapamos dessa verdade universal. O veículo que utilizamos para as nossas experiências terrestres nada mais é do que matéria organizada de maneira a nos proporcionar a possibilidade de interação com os dois planos, tirando das experiências o melhor que conseguimos.

Isso nos revela o processo de envelhecimento em sua totalidade, já que começamos a envelhecer e a desencarnar desde o nosso nascimento, numa verdadeira sinfonia à vida. Terminamos como começamos, indefesos e sem possibilidade de sobrevivência sem os cuidados de alguém. Esse cuidado vai trocando de mãos, e pais e filhos se transformam numa ação infinita de substituição de papéis: filhos fazendo para os pais o que os pais fizeram para eles, numa demonstração sublime de que todos, sem exceção, estão aqui para aprender e ensinar, cada um a seu tempo.

O processo de envelhecimento é interessante, pois começa com a energia primeira, transmitida pelos pais na união do espermatozoide e do óvulo. Ao se unirem, começa o processo de formação do embrião. A energia contida nos dois começa a multiplicar-se de maneira acelerada, garantindo que a construção daquele corpo será feita no tempo determinado a fim de voltar ao planeta em nova roupagem.

A energia é imensa e continuará a incidir depois do nascimento nas fases características de um planeta de provas e expiações, como a infância e a adolescência, num verdadeiro aprendizado ao longo da existência.

A vida adulta é reflexo das fases anteriores, quando os pais e professores ofereceram exemplos para que aquele jovem pudesse traçar metas e escolher caminhos. É importante ressaltar que os exemplos oferecidos na infância e na adolescência desabrocharão depois, fazendo o homem ver a vida com olhos diferentes daqueles que via outrora, em outras existências.

A fase da construção de patrimônio e constituição da família é característica dessa fase, quando o ser humano está no auge de sua força física e mental, quando enfrenta os desafios maiores de sua passagem por aqui e quando, finalmente, consegue traçar sua caminhada, semeando frutos que colherá no futuro.

Interessante notar que, mesmo que não tenhamos sido um exemplo de retidão ou de trabalho, passaremos para a nova fase da existência, pois tudo é sincronizado. Não há a menor possibilidade de deixarmos para trás o que fizemos, mesmo que a velhice não se concretize em muitos anos de experiências. Nossa semeadura será colhida, mesmo que em outras oportunidades, e é por isso que devemos nos conscientizar do importante papel desempenhado pela velhice.

É na velhice que as águas de nossa existência tornam-se mais mansas e nos oferecem a oportunidade da reflexão, da transformação, da capacidade de ver a vida com outros olhos. Quando criança, ainda não temos maturidade suficiente para isso; na vida adulta, estamos mais preocupados em construir e dar condições melhores para os que virão depois de nós; e, na velhice, nos vemos em situação de reflexão sobre a maneira como nos conduzimos e o resultado do que fizemos.

Isso quer dizer que a velhice é um estágio em que nos preparamos para voltar para casa, à casa espiritual. Ficamos preocupados com o modo que seremos recebidos, o que faremos, o que encontraremos e, muitas vezes, ficamos com muito medo do desconhecido pela falta de compreensão do que nos espera do lado de lá.

A questão do medo é facilmente resolvida se nos conscientizarmos de que precisamos entender todo esse processo, do nascimento à desencarnação, entendendo cada fase como uma oportunidade para fazermos dentro de nós a mudança que tanto queremos ver nas outras pessoas.

Normalmente ficamos muito preocupados com os que estão ao nosso lado e torcemos para que eles mudem, esquecendo-nos de que ninguém muda por decreto. A mudança é individual e exige esforço e dedicação de cada um, posto que é o motivo principal de nossa vinda para cá de tempos em tempos.

A expectativa da desencarnação nos oferece momentos de reflexão muito importantes, e não raro nos vemos diferentes. Sentimos a vontade de estar perto dos que amamos, de conversar, de colocar as "fofocas" em dia, e assim por diante. Percebemos que o tempo passou e que não teremos a vida toda para estar ao lado deles, que mais dia, menos dia iremos para o lado de lá e queremos aproveitar para fazer, muitas vezes, o que não fizemos durante uma vida inteira.

Essa sensação é experimentada por quase todo mundo. Vivemos preocupados com o futuro, e, quando ele chega, percebemos que já não temos tanto tempo. Temos, isso sim, um grande passado, responsável pelo que somos hoje.

Dizem que, quando desencarnamos, levamos uma mala conosco, não com coisas materiais, mas com os valores que conquistamos durante a encarnação e aquilo que ainda temos a conquistar. Essa é a nossa bagagem de ida.

Bagagem de ida

O que compõe essa bagagem? Se estamos aqui para nos superar, é lógico que colocaremos nessa mala tudo o que conseguirmos em termos de realização espiritual. E aí estão as nossas virtudes, as que já tínhamos quando reencarnamos e as que conquistamos durante o período reencarnatório.

Por aí podemos perceber que a mala é bem pequena nesse quesito. Não quer dizer que temos pouca coisa, mas simplesmente que elas ainda ocupam pouco espaço. Mais do que aquilo que conquistamos, ainda temos muito a buscar. E é justamente isso que ocupa a maior parte da mala: o que temos a conquistar. Só não conseguimos mais porque nos perdemos em querelas que já deveriam ter ficado para trás. Já sabemos como agir, mas não fazemos o suficiente porque ainda nos deixamos levar pelos instintos que tanto mal nos provocam, como o orgulho, que é o principal causador do nosso atraso em relação ao que devemos progredir.

Isso tudo porque nos preocupamos mais com nossos desafetos que com os afetos, e, por isso, perdemos tempo e oportunidades. O tempo, porque ele é inexorável e não nos oferece nenhum segundo a mais, ou aproveitamos o momento ou ele vira passado. As oportunidades, porque achamos que o outro não merece a chance de se reconciliar conosco; nesse caso, ficamos ainda mais para trás porque não sabemos quando o outro tomará a iniciativa de se harmonizar conosco. Acabamos caminhando lado a lado, numa mesma reencarnação, sem nos falar, sem tomar a iniciativa em relação ao que temos de fazer.

Conquistar virtudes independe de quem esteja ao nosso lado. Não precisamos esperar a evolução de ninguém para sair daqui melhor do que quando chegamos. Esperar pela mudança do outro para que nós mudemos e colocar nossa felicidade nas mãos de terceiros é um equívoco. Nunca saberemos se o outro realmente quer a nossa felicidade ou, simplesmente, se está contente com o jeito como as coisas estão.

Conquistar virtudes é um exercício que deve ser feito em todos os momentos de nossa vida e exige de nós toda a atenção e, principalmente, entendimento do que queremos para o futuro.

Sem essa compreensão, fica muito mais difícil lutar contra as nossas más tendências.

Isso quer dizer que não adianta somente ficarmos no plano intelectual, refletindo sobre as virtudes, e não praticá-las. É a prática da virtude compreendida e intelectualizada que fará com que ela se fixe em nosso pensamento e garanta a conquista das próximas. Mas é importante lembrar que preocupação em demasia com nossos defeitos acaba sendo um entrave à conquista de novas virtudes. Elas somente aparecerão pelo exercício constante das que já tenhamos adquirido.

A fim de obter êxito nessa empreitada, os amores que já conquistamos costumam vir conosco para nos ajudar de maneira mais efetiva e, ao mesmo tempo, também serem ajudados. Sabemos que o amor é a grande lei do Universo e que caminhamos mais rápido quando estamos em grupo, trocando experiências prazerosas que nos auxiliam na caminhada para alvos estabelecidos ainda do lado de lá.

São esses amores os grandes responsáveis pela paciência que demonstramos em situações de puro estresse, são esses amores que nos oferecem a calma necessária para que consigamos refletir acerca do que fazer em situações críticas, são esses amores os grandes exemplos que temos para nos nortear durante o percurso e, finalmente, são esses amores os grandes responsáveis pelas mudanças que vamos efetivando dentro de nós.

A possibilidade de estreitar ainda mais esses laços nos oferecem subsídios para que possamos superar os desamores, que fazem parte da vida de todos nós, sendo praticamente impossível em um mundo de provas e expiações que haja alguém que não tenha tido uma experiência triste ou frustrante. Mesmo que a pessoa não se deixe levar pelos sentimentos negativos em relação ao outro, fica a tarefa de conquistar o afeto para que ele compreenda que é melhor amar do que viver sem amor.

Tal conquista é trabalhosa, pois demanda tempo e sacrifício daquele que resolveu superar uma relação de desarmonia e divergência. Exige que as atitudes em relação ao outro sejam baseadas naquele sentimento de amor que nos foi mostrado por Francisco de Assis em sua oração: "é dando que se recebe".

O problema é que nunca sabemos quando receberemos de volta o amor que enviamos, e isso nos faz, muitas vezes, desistir da tarefa de nos fazer melhores pela tentativa de amar a quem ainda não nos ama.

Claro que não existem acasos na vida e que motivos devem existir para que algumas pessoas não nos amem, que fiquem incomodadas com nossa presença e não suportem o fato de vivermos próximos.

Mas é fundamental dar continuidade às nossas ações. É pela compreensão do passado que efetivamos as mudanças em nós, fechando um ciclo de desentendimentos que, às vezes, se prolonga por muitos séculos.

Não é muito fácil, mas é possível, e a convivência, dentro do lar principalmente, é uma das ferramentas mais importantes que temos para fazer com que nossa caminhada se transforme em passos de luz, dependendo única e exclusivamente da maneira como encaramos quem está ao nosso lado.

Os desamores superados farão com que as próximas encarnações sejam mais prazerosas e nos capacitam a ter melhores momentos na erraticidade, pois já teremos superado muitos motivos de desassossego e apreensão.

Para tudo isso já temos, dentro de nós, ferramentas que nos auxiliam: são os dons que recebemos ao reencarnar, mesmo que ainda não os tenhamos conquistado, mesmo que sejam simples empréstimos que nos mostram de maneira ainda indefinida o de seremos no futuro. São esses dons que temos que exercitar para tomar atitudes mais acertadas em relação ao próximo e a nós mesmos.

Todos nós temos algumas capacidades que não utilizamos de maneira adequada. Devemos prestar atenção para que consigamos percebê-las e, ao mesmo tempo, utilizá-las em nossas realizações pessoais. Não existe a mínima possibilidade de sairmos melhores, de nos relacionar de maneira mais civilizada, sem que notemos o que já temos conosco, de fazer do patrimônio espiritual que nos é inerente o norte de nossa existência.

Nossas obras vão sendo construídas pouco a pouco, sem atropelo. É isto o que temos de mostrar ao retornarmos à pátria espiritual: o que já realizamos em nós mesmos e em relação aos outros com os quais tivemos a oportunidade de caminhar junto.

As obras são o nosso melhor cartão de identificação ao chegarmos à pátria espiritual. Elas são o nosso conteúdo maior. Elas são resultado do que fizemos com os dons que amealhamos em diversas existências e que se mostraram eficientes nesta.

Claro que a reconciliação com os desafetos é importante, claro que a convivência com os que amamos é importante, mas o mais importante é a grande obra que temos de continuar, e essa apenas nós conseguiremos levar a cabo: a nossa transformação moral.

Essa transformação moral é o que chamamos de reforma íntima, ou seja, as mudanças que vamos fazendo em nós mesmos durante nossas existências, as que tivemos e ainda teremos, para que um dia atinjamos a nossa destinação final: seres angélicos.

Para que isso se transforme em realidade, não podemos nos perder na superfície de nossa horizontalidade. Precisamos mergulhar fundo dentro de nós mesmos e encontrarmos, verticalmente, a ligação maior com nossa origem.

Nossa origem é divina, fomos criados por Deus e teremos, mais dia, menos dia, de mostrar que somos filhos desse Pai de amor revelado por Jesus. Para que isso aconteça, precisamos deixar a superfície e nos dedicar a descobrir os caminhos e rotas mais acertadas para cada um de nós. Precisamos ter a coragem de sermos imparciais, transparentes e éticos.

Quando falamos em ética, imediatamente nos lembramos da coisa pública, em razão das responsabilidades de quem assume um cargo público. Mas a ética é um valor inerente ao ser humano. Devemos sempre ter cuidado com a confiança que as pessoas depositam em nós, lembrando que tudo o que nos acontece faz parte de uma programação pedida por nós. Constantemente passamos por verdadeiras provas para avaliar exatamente em que momento da vida estamos, o que fizemos com o aprendizado que tivemos em outras existências e o que já superamos.

Para avaliar tudo isso, precisamos ter ética pessoal, ser transparentes em relação ao que somos, ao que já aprendemos e à maneira como colocamos em nosso dia a dia tudo o que já sabemos.

Infelizmente, a prática é bem mais difícil do que o discurso. Não adianta muito falar e não fazer, pois o ideal é fazer e não falar.

A mudança positiva em nossas atitudes acontecerá a partir do momento em que refletirmos diariamente sobre nossas ações, sobre o que nos aconteceu e a maneira como nos comportamos.

A reflexão acerca de nossas atitudes nos mostrará quais são os caminhos que estamos escolhendo, se são os do crescimento e da evolução, ou se são os mesmos caminhos fictícios que vimos tomando desde muito tempo e que não nos levam a nada, a não ser ao sofrimento de passar diversas reencarnações tentando e tentando sem, no entanto, conseguir êxito. Como já dissemos, a superficialidade é ampla e se espalha, enquanto o conhecimento interior exige um mergulho dentro de nós.

Esse mergulho somente será conseguido quando deixarmos de tratar a nós mesmos como crianças ou objetos de adorno, quando deixarmos de lado as nossas satisfações pessoais e partirmos para o nosso trabalho pessoal e intransferível.

Essa transformação não pode ser exterior, pois corremos o risco de mudar a aparência, mas continuar da mesma forma no interior. Claro que cuidar do exterior não tem nenhum agravante quando esse cuidado não é exagerado, a ponto de inviabilizar nossas ações. O que precisamos fazer é criar condições para que o interior acumule transformações que, somadas, darão no resultado final, que é a nossa mudança e evolução.

Uma das maiores tentações que nos ocorrem é buscar os louros da fama e do poder. E a busca desenfreada por reconhecimento, por exemplo, pode estar em qualquer lugar, seja no ambiente de trabalho ou religioso. O orgulho e a vaidade estão em todos os lugares, pois não são características desta ou daquela religião, mas do ser humano, ainda em caminhada para a sua evolução.

Quando nos deixamos levar pelo prazer do reconhecimento, cometemos um erro muito comum: achar que somente nosso discurso é suficiente. Se temos a tarefa de levar a palavra para outros, o risco é maior ainda. Dominados pela fama e pelo desejo de continuar recebendo os elogios pelo nosso trabalho, esquecemos que o maior beneficiado com o que falamos somos nós mesmos. Nossos ouvidos estão muito próximos de nossa boca, mas ignoramos nosso próprio discurso. Como temos outras preocupações no momento, acabamos não aproveitando as palavras que endereçamos para a plateia.

Não que o reconhecimento seja desnecessário. Um bom trabalho deve sim ser reconhecido, pois funciona como incentivo, por exemplo, aos que estão na tarefa de divulgação desta ou daquela religião, deste ou daquele conceito espiritual. Porém, temos de levar em conta que precisamos nos encarregar dela da melhor maneira possível, aproveitando o máximo de nossas próprias palavras, porque senão ficaremos parecidos com túmulos caiados: limpos por fora, mas com o interior sem os mesmos cuidados.

Isso nos faz pensar que devemos melhorar um pouco todos os dias, lembrando sempre que estamos em um planeta de provas e expiações e que não sairemos daqui com a classificação de Espírito puro. Não temos tempo suficiente em uma encarnação para que isso aconteça. Mas com o pouco que conseguirmos a cada encarnação, um dia estaremos aptos a nos mudar para um planeta melhor, e assim por diante, até o dia em que chegaremos ao nível de Espírito puro e nos tornaremos cocriadores em plano maior, ajudando Deus em tarefas jamais imaginadas, algo que Jesus já tinha nos dito quando foi muito claro ao revelar que faríamos tudo o que ele havia feito e muito mais.

Resta-nos a certeza de que isso acontecerá e também a certeza de que tudo é parte do trabalho que temos de enfrentar em nosso próprio benefício, uma vez que ninguém fará o que cabe a nós. Claro que temos e teremos sempre ajuda, mas essa ajuda só se efetivará se tomarmos a nossa vida em nossas próprias mãos, justificando todo o investimento que Deus fez em cada um de nós.

A grande recompensa de Deus é igual a de qualquer pai. A alegria maior de um pai é ver o filho traçando seus próprios caminhos e conquistando tudo a que se propôs, dentro de uma programação feita por ele mesmo. Essa é a grande alegria de Deus, pois ele sabe que chegaremos aonde temos de chegar, dentro do nosso tempo de caminhada, dentro das capacidades que vamos desenvolvendo a cada reencarnação e dentro do nosso livre-arbítrio, respeitado por Deus e balizado por suas leis. Sempre vale lembrar que o conceito da ação e reação é a grande lei do Universo. É ela que nos leva a rever antigas atitudes e a fazer de modo diferente o que não produziu bons resultados.

Isso tudo sem sofrimento, pois não fomos criados para sofrer, mas, sim, para sermos felizes. Se ainda não o somos, é porque nos perdemos em caminhos que não são os melhores. Ficamos remoendo velhos conceitos e nos ligando demais a sentimentos menores, como o rancor, a mágoa e o ressentimento. Quando nos livramos disso tudo, parece que a vida ganha um novo colorido. Vemos a existência sem os véus que deixavam nossa visão turva, lembrando somente os piores momentos pelos quais passamos. Precisamos mudar nossa visão sobre nós mesmos e procurar em nosso interior o que somos verdadeiramente. E só conseguiremos isso quando resolvermos deixar de lado o que os outros nos causam. Via de regra, nós é que produzimos as sensações negativas quando valorizamos demais sentimentos menores.

Autoconhecimento

Conhecer a nós mesmos é essencial para que consigamos desenvolver a contento estratégias para nossa melhoria individual. Não podemos esquecer que toda evolução que queremos para o mundo começa dentro de nós. Somos os primeiros beneficiados pelas mudanças que processamos em nosso interior, pois só assim conseguiremos participar da transformação geral.

O autoconhecimento não é tão simples como muitas vezes julgamos, principalmente porque não temos a coragem suficiente para encarar o que descobrimos quando nos olhamos com cuidado. Isso não só dificulta o nosso caminhar como também nos impede de ver as coisas como elas são na realidade. Uma das maiores ferramentas que temos para a mudança de hábitos que estão arraigados em nosso interior é nos perguntar se o que estamos fazendo é bom para nós. Isso não é importante só na vida pessoal, mas importantíssimo no ambiente de trabalho, nos relacionamentos, na família, enfim, em todos os momentos da existência.

É essa pergunta que vai colocar um freio em muitas atitudes que tomamos em relação aos outros, mas que não gostamos quando elas são tomadas contra nós. Um exercício de fundamental importância é se colocar no lugar do outro, ter empatia. Se nos sentimos mal com algo que nos fizeram, não temos o menor direito de machucar quem quer que seja tomando as mesmas atitudes tomadas contra nós. Isso se assemelharia a uma vingança.

A grande chave é o exercício diário de reflexão. Não adianta nos esforçarmos para nos conhecermos, se não exercitarmos as qualidades que já tenhamos em nosso patrimônio espiritual, lembrando que ninguém é desprovido de qualidades; o que varia é a quantidade delas em cada um de nós.

Ao percebermos que fazemos alguma coisa boa, é necessário que essa atitude se repita sempre que apareça a oportunidade. Só assim a fixaremos em nós. As qualidades melhoram com o exercício, e é isso que proporcionará o aparecimento de mais e mais atitudes positivas.

Imperfeições fazem parte de nós. Equivale a dizer que, teoricamente, temos de fazer o contrário para transformar um defeito em qualidade, ou seja, ao percebermos que estamos magoando as pessoas, temos de fazer o contrário, a antítese do defeito.

SER OU TER, EIS A QUESTÃO

 Vale exercitar, mesmo que ainda não o façamos com vontade e tenhamos a impressão de que estamos sendo falsos, polidos simplesmente, usando um pequeno verniz social. Mesmo assim, um comportamento positivo evitará uma série de dissabores, e viveremos melhor. Mais cedo ou mais tarde teremos incorporado essa atitude e, quando menos esperarmos, nos surpreenderemos fazendo como se fosse a coisa mais natural do mundo, como se por todo o sempre aquele comportamento estivesse conosco.
 A valorização de nossas falhas só nos atrasa. Ficamos tão preocupados com elas que não nos sentimos capazes de fazer pequenas coisas boas que, juntas, formarão um escudo envolvendo a negatividade, tornando-a inoperante. Mas acredite que com o exercício dessas pequenas obras boas, nossas incorreções serão vencidas e se tornarão algo de um passado do qual já nos livramos.
 Esta é a grande felicidade do autoconhecimento: a possibilidade de ficarmos mais próximos de nós mesmos hoje e, ao mesmo tempo, a possibilidade de visualizarmos como seremos no futuro, traçando metas e estratégias para que isso ocorra no menor espaço de tempo possível.
 Vale lembrar que o exercício é diário, ininterrupto, pois essa é a única maneira de nos transformar e conseguir sair de cada reencarnação um pouco melhores do que quando nela chegamos.

Não precisamos ficar desesperados se ainda não conseguimos atingir níveis de excelência em nossas atitudes. O caminho não é vertical, mas espiral. Ele volta praticamente ao mesmo lugar a cada nova tentativa, e precisamos entender esse processo para que não sejamos tentados a desistir de ser pessoas melhores. Todos temos nossas limitações e tendências, e não é nada fácil sair da zona de conforto para nos encarar num espelho que mostra nosso lado mais obscuro.

Ao mesmo tempo, temos de perceber a presença da luz dentro de nós. Não importa a quantidade dessa luz em nosso interior, o que importa é exercitar a que já temos. Jesus foi brilhante quando nos deixou a maior dica para nossa caminhada rumo à angelitude. Ele nos disse simplesmente: "brilhe a vossa luz".

Conclusão

A conclusão a que chegamos é que tudo nos é permitido, como nos diz Paulo de Tarso, mas nem tudo nos convém.

O dinheiro em si, como ficou claro, não tem qualidades inerentes. Seu verdadeiro valor e qualidades dependerão da maneira como nos comportarmos em relação a ele. Significa que nossa relação com ele tem a ver com nosso modo de entender a vida e a maneira como utilizamos os bens e os dons que possuímos.

Tudo o que é conquista material ficará no planeta, pois somos simplesmente usufruidores dos bens que aqui existem. E a existência desses bens está atrelada às nossas necessidades pessoais e a de todos os que nos cercam.

Não adianta acumular bens que não nos farão mais felizes e não espalharão felicidade a quem puder se beneficiar do que conseguirmos.

Temos de perceber que ao fim da nossa jornada terrestre levaremos somente o que pertence ao Espírito imortal que somos.

Isso sim é importante. A cada nova reencarnação temos de, obrigatoriamente, levar algo a mais do que trouxemos em nossa bagagem, fazendo uma pequena troca de valores, deixando para trás os valores materiais e agregando ao patrimônio espiritual as conquistas que fizermos em relação ao amor, grande lei universal.

Diante dessa verdade inexorável, temos de mudar em relação às coisas materiais, reaprendendo a ver o mundo, não mais como um lugar de conquistas e preocupações materiais, mas como um mundo que nos oferece tudo o que precisamos para crescer espiritualmente e fazer a felicidade dos que nos acompanham, além, é claro, de nossa própria felicidade.

Sabemos que os valores materiais serão sempre pertencentes aos mundos de provas e expiações, mas sabemos, também, que os mundos mudam de classificação, e essa mudança é determinada pela nossa mudança, individual e coletiva, que faz com que a vibração do planeta atinja outros níveis de conquistas.

A grande palavra de ordem no Universo é mudança, algo que deve passar, obrigatoriamente, por cada um de nós. Mas não nos preocupemos tanto com a transformação dos que estão conosco nesta caminhada. As pessoas que nos acompanham saberão que é possível, ao seu tempo, também efetivarem sua própria mudança.

O maior patrimônio que podemos deixar para nossos filhos é o conhecimento das coisas essenciais da vida, essas que a ferrugem e a traça não corroem, ou seja, valores que carregamos conosco e que farão parte do nosso patrimônio espiritual.

Jesus foi, é e continuará sendo muito feliz em suas considerações sobre o ter e o ser, posto que já passou por tudo o que ainda estamos passando. Ele dizia que cada um tem sua maneira de caminhar e de se colocar diante da vida e nos avisava, também, que somos responsáveis pelos nossos atos.

As leis divinas nos guiam e nos mostram o que fazemos de maneira errada, mas nos oferecem, também, novas oportunidades para que façamos diferente, numa demonstração clara da lei de ação e reação – tudo o que plantarmos colheremos um dia, sem dúvida.

O que precisamos fazer para nos relacionar bem com o dinheiro é aprender... Aprender seu valor, saber o que fazer com ele, compreender seus benefícios para nós e para os outros e nos colocar à disposição para participarmos da grande mudança que se opera todos os dias no mundo que nos rodeia e em nosso mundo interior.

BIBLIOGRAFIA

Kardec, Allan. *O Evangelho Segundo o Espiritismo*. São Paulo: Petit, 1997.

Kardec, Allan. *O Livro dos Espíritos*. São Paulo: Petit, 1999.

Kardec, Allan. *A Gênese*. São Paulo: Lake – Livraria Allan Kardec Editora, 2005.

Bíblia Sagrada: *Nova Versão Internacional*. Sociedade Bíblica Internacional, 2000.

Rigonatti, Eliseu. *O Evangelho dos Humildes*. São Paulo: Pensamento, 1996/1997.

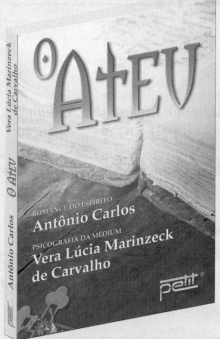

Do Espírito Antônio Carlos, psicografado pela médium Vera Lúcia Marinzeck de Carvalho

Impossível é ser indiferente!

O Ateu, como Jean Marie é conhecido na intimidade, reserva-se o direito de não apenas descrer do Criador, mas também de influenciar os outros com seus escritos. Escreve livros onde expõe sua absoluta descrença na vida além da morte. Além disso, distribui, por intermédio dos amigos que compartilham de suas idéias, panfletos nos quais dissemina seu ideal materialista. Alheio às seduções do ambiente onde vive, preocupa-se apenas em explorar os corruptos. Vítima da obsessão, não percebe a tragédia que se aproxima e que mudará, por completo, seu modo de pensar...

Mais um sucesso da Petit Editora!